珠三角城市群科技金融发展报告

欧阳滨　刘湘云　贺敏伟　文丹枫／主编

秦海鸥　李征坤　肖邦　向驹／副主编

TECHNOLOGY AND FINANCE
DEVELOPMENT REPORT OF
PEARL RIVER DELTA URBAN
AGGLOMERATION

经济管理出版社

ECONOMY & MANAGEMENT PUBLISHING HOUSE

图书在版编目（CIP）数据

珠三角城市群科技金融发展报告 /欧阳滨等主编. —北京：经济管理出版社，2020. 11

ISBN 978-7-5096-7261-7

I. ①珠… II. ①欧… III. ①珠江三角洲—科学技术金融—研究报告 IV. ①F127. 65

中国版本图书馆 CIP 数据核字（2020）第 236618 号

组稿编辑：杨　雪

责任编辑：任爱清

责任印制：黄章平

责任校对：陈晓霞

出版发行：经济管理出版社

　　　　　（北京市海淀区北蜂窝 8 号中雅大厦 A 座 11 层　100038）

网　　址：www. E-mp. com. cn

电　　话：（010）51915602

印　　刷：北京虎彩文化传播有限公司

经　　销：新华书店

开　　本：720mm×1000mm /16

印　　张：9. 25

字　　数：142 千字

版　　次：2021 年 8 月第 1 版　　2021 年 8 月第 1 次印刷

书　　号：ISBN 978-7-5096-7261-7

定　　价：59. 00 元

# 编委会

主　编：

　　欧阳滨　广州科技金融集团有限公司董事长

　　刘湘云　博士、教授，广东财经大学创业教育学院院长、粤港澳大湾区科技金融与数字经济协同创新研究院院长

　　贺敏伟　博士、教授，广东财经大学信息学院院长、广东智能商务工程技术研究中心主任

　　文丹枫　博士、副教授，数智视纪（东莞）高新技术产业孵化研究院院长、中大教育现代化研究中心研究部主任

副主编：

　　秦海鸥　大湾区科技创新服务中心董事长

　　李征坤　博士、教授，广东财经大学商贸流通研究院研究员

　　肖　邦　广东千里马人力资源有限公司董事长

　　向　驹　广东财经大学创业教育学院讲师

目　录

第一章
科技金融概述

第一节　科技金融的定义

科技金融属于产业金融的范畴，主要是指科技产业与金融产业的融合。经济的发展依靠科技推动，而科技产业的发展需要金融的强力助推。由于高科技企业通常是高风险的行业，同时融资需求比较大，因此，科技产业与金融产业的融合更多的是科技企业寻求融资的过程。

科技金融是促进科技开发、成果转化和高新科技产业发展的一系列金融工具、金融制度、金融政策与金融服务的系统性和创新性安排，是由向科学与技术的创新活动提供融资资源的政府、企业、社会中介机构等各种主体及其在科技创新融资过程中的行为活动共同组成的一个体系，是国家科技创新体系和金融体系的重要组成部分。[①]

第二节　科技金融的资源需求

高科技产业生命周期一般包括种子期、创立期、成长期、扩展期和成

---

① 赵昌文，陈春发，唐英凯. 科技金融［M］. 北京：科学出版社，2009.

熟期五个阶段，各个阶段的风险程度、收益状况、资金需求及融资方式不同。在这一过程中，投资项目的数量随着技术发展阶段的变换而逐步减少，项目投资规模随着技术发展阶段的深入而逐步扩大，投资风险随着技术发展的推进而逐步下降，风险结构逐步由技术风险转向市场风险和管理风险。高科技产业生命周期各阶段有以下五个特征：①

（1）种子期，即研究发展阶段。这阶段主要存在技术风险，对资金需求量较小。在这一阶段所融合的金融资源是科技价值资本，包括国家开发资金、企业开发资金和私人资本等。

（2）创立期，是指需要大量资金用于购买生产设备，进行产品开发及销售的阶段。由于企业并无过去的经营记录，企业从银行获得贷款的可能性非常小，大部分企业的失败也在这一阶段。因此，这一阶段的投资风险也是最高的。

（3）成长期，由于这一阶段产品已经进入市场，其潜力也初步显现出来，技术风险已大幅度下降，企业面临的主要风险已转向市场风险和管理风险。此时企业仍处于净现金流为负值的亏损阶段，仍需要更多的资金以增加设备、扩大业务，并进行产品的完善和后续产品的开发。同时初始投资人的投入也基本耗尽，融资风险将对项目或企业的未来发展具有重要的影响。这一阶段传统的融资机构仍持观望态度，风险投资和战略投资开始较大规模地进入。

（4）扩展期，企业在这一阶段已开始逐渐有经营业绩，为进一步开发产品和加强行销能力则需要比创业期更多的资金。但由于是新兴企业，难以在标准较严的传统证券交易市场即主板市场上市，而风险投资在这个阶段则需从所投资企业套利撤出，然后将资金转投其他基业或项目，获利后再撤出，如此循环往复。因此，这一时期高科技产业所融合的金融资源当首推第二板市场。此外，这个阶段高科技企业还应通过产权交易、场外交易等来融合金融资源。

（5）成熟期，即规模化阶段。在这一阶段企业的产品在市场上占有较大的份额，通过资本的经营形成了较大的规模，风险也逐渐减少，盈利迅

① 戴淑庚. 高科技产业的金融资源配置与我国高科技产业融资体系的构建［J］. 理论学刊，2004（1）.

速增加。在这一阶段，高科技产业里面的企业在资本市场方面，除业务领域与传统产业有着较大的差别以外，其融资行为与传统产业的融资行为不存在重大的差别。同时这一阶段大中型企业对项目公司的并购或项目公司对其他公司的并购开始出现，并利用银行贷款或发放收购债券的方式获得并购所需要的资金。

由于风险和收益因素使高科技产业在各个阶段具有不同的资金需求，需要健全高效的融资体系与之相适应，包括银行间接融资体系、多层次资本市场体系及保障高科技企业融资畅通的法律法规和信息服务体系。我国高科技产业的融资体系还不是很健全，因此，应当构建和完善我国的高科技产业融资体系。

第三节　科技金融体系

一、科技金融投融资体系

从科技金融的供给体系来看，由于我国政策性金融机构的数量相对有限，且其投资范围通常有明确的限制，因此，我国科技金融的主要供给方为商业银行。然而，商业银行是逐利的，倾向于追求与风险收益相匹配的投资，在现实中很难满足所有科技企业，尤其是初创科技企业的融资需求，从而造成市场失灵。我国的科技金融供给体系还包括相当一部分的创业投资机构、创业风险投资机构以及科技担保机构等主体，此类主体通过吸收较高风险承受能力的分散资金，并将其以权益资本的方式投入到科技企业中，在一定程度上弥补了市场的失灵。

从科技金融的需求体系来看，我国科技金融市场的需求方多为科技企业，考虑到科技企业从初创到成熟的过程中，在初创期的金融需求最为显著，因此，我国科技金融体系的主要需求主体为初创科技企业[①]。

---

① 吴悠. 科技金融的体系构成和运作机制研究 [J]. 当代经济，2015 (22)：32-33.

二、科技金融创新体系

随着我国市场经济体制和科研体制改革的深入发展，投资作为经济发展"引擎"的作用越来越显著。国际上通过资本市场融资促进科技创新发展的成功实践，为我国科技与资本的融合提供了可借鉴的样本，因而越来越受到国家的重视。1985 年 9 月，经国务院批准成立中国第一家风险投资企业——"中国新技术创业投资公司"，标志着我国"风险投资"这一资本与科技成果转化的重要创新走上了我国科技金融的舞台。进入 21 世纪，在我国科技型中小企业快速增长与资本市场体制逐步完善的大背景下，市场资本迅速进入我国科技创新领域，形成了"政府主导、民间参与、专业管理、市场化运作"的发展格局和以创业投资机构与天使投资人为主体的完整生态。目前，我国创业投资正在经历从"政府资本为主体"向"民间资本为主体"的演变过程中，这不仅是我国科技创新和资本市场结合的新高度，也是经济发展方式转变和结构调整的重要标志。[①]

三、科技金融服务体系

科技金融服务体系的主体是科技金融第三方，包括科技金融中介机构、担保机构、信用评级机构、律师事务所、会计师事务所等，科技金融服务体系就是为了科技金融第三方更好地发挥作用而制定的一系列机制，在服务市场和服务产业的基础上，建立科技金融中介体系、担保体系、保险体系、信用体系等体系，提高科技金融的服务质量。[②]

推进服务平台体系建设，构建良好的科技金融环境主要体现在以下三个方面：一是构建完善的科技金融中介服务机构体系。支持信息咨询、产权评估、知识产权中介及律师、会计师事务所等中介机构，为科技型中小创新企业融资、上市、发展等提供专业服务。二是完善科技担保体系，成立政策性担保机构，由政府、银行、担保公司等按比例共同承担风险，探

---

① 长城企业战略研究所. 科技金融创新的理论与实践 [J]. 新材料产业，2015 (11).
② 常国辉. 基于产业视角的科技金融体系构建 [J]. 科技与企业，2015 (5).

索开展期权、知识产权、订单/应收账款来进行担保或质押试点。三是推动科技保险创新发展。建立保险保费补贴机制，引导保险公司建立科研机构、中介机构和科技企业共同参与的科技保险产品创新机制，鼓励保险机构积极开发针对科技领域风险特点的新险种。

四、科技金融政策体系

2006 年我国公布了《国家中长期科学和技术发展规划纲要（2006～2020 年）》（以下简称《规划纲要》），《规划纲要》中涉及科技金融诸多领域，例如，银行信贷、资本市场、保险、担保、创业投资等。颁布了科技金融方面的九个政策文件，初步形成了我国支持自主创新的科技金融政策体系。2009 年底，在国家层面出台的 78 项《规划纲要》配套政策细则中，有 20 多项属于科技金融范畴，内容涉及银行、保险、担保、创业投资、资本市场、债券等，如表 1-1 所示。

表 1-1 中国科技金融行业发展相关政策

序号	政策名称
1	《关于国有资本加大对公益性行业投入的指导意见》
2	《关于将技术先进型服务企业所得税政策推广至全国实施的通知》
3	《国务院关于促进外资增长若干措施的通知》（国发〔2017〕39 号）
4	《国务院办公厅关于推广支持创新相关改革举措的通知》
5	《融资担保公司监督管理条例》
6	《信用保证保险业务监管暂行办法》
7	《关于促进分享经济发展的指导性意见》
8	《东湖国家自主创新示范区关于推动科技金融创新发展的若干政策（试行）》
9	《支持科技创新进口税收政策管理办法》
10	《国家重点研发计划资金管理办法》
11	《政府出资产业投资基金管理暂行办法》
12	《财政部政府和社会资本合作（PPP）专家库管理办法》

序号	政策名称
13	《中央级公益性科研院所基本科研业务费专项资金管理办法》
14	《中共中央、国务院关于深化投融资体制改革的意见》
15	《高新技术企业认定管理工作指引》
16	《中央引导地方科技发展专项资金管理办法》
17	《国家创新驱动发展战略纲要》
18	《国有科技型企业股权和分红激励暂行办法》
19	《高新技术企业认定管理办法》
20	《国家科技成果转化引导基金贷款风险补偿管理暂行办法》
21	《国务院关于促进融资担保行业加快发展的意见》
22	《关于促进互联网金融健康发展的指导意见》
23	《国家科技成果转化引导基金设立创业投资子基金管理暂行办法》
24	《关于进一步促进资本市场健康发展的若干意见》
25	《国务院关于改进加强中央财政科研项目和资金管理的若干意见》
26	《"十三五"医疗器械科技创新专项规划》

资料来源：笔者根据公开资料整理。

五、科技金融公共平台

科技金融公共平台是指统筹科技和金融两个资源，为缓解科技型中小微企业融资资源供给不足等瓶颈性难题而设立的综合性服务平台，包括科技金融信息服务平台、科技专家咨询服务系统、科技金融专业投融资机构等，主要是通过信息沟通和增值服务，提高投融资效率。开展科技金融试点的阶段性目标之一是实现促进科技金融结合的中介组织即科技金融服务平台的发展。近年来，国家有关部门和地方陆续出台了涉及科技和金融结合的多项政策和措施，加快建设各级各类促进科技与金融有机结合的对接平台，有力地促进了各地科技金融服务中介的迅速发展。根据科技金融综合服务平台建设主体的不同，主要划分为政府主导型科技金融服务平台、金融机构主导型的科技金融服务平台、民间市场化机构主导的社会化科技金融服务平台三种类型。

第四节　科技金融机制分析

一、市场导向机制

目前，我国多层次资本市场初步形成以主板、中小板、创业板、新三板系统及各种区域股权交易市场组成的四板市场为融资主轴，各种产权交易市场特色发展的市场架构，其中由新三板市场及区域股权交易市场构成的场外交易市场对于中小企业和创业企业的支持作用最为显著。对于支持科技型中小企业发展的风投机构来说，场外市场的发展既为投资项目的价值发现提供帮助，又有效拓展了风险投资企业上市退出渠道。同时，技术产权交易市场的发展符合中小企业的资本结构特点，满足了中小企业融资的多样性需求。主板市场，即科技金融资本市场中层次最高的资本市场，该市场公开面向所有投资者进行资金筹措。但是出于对风险水平的调控需求，该市场对公开发行股票的企业有较为苛刻的准入标准，因此，该资本市场主要服务于经营状况稳定、资产规模较大的企业，对于风险程度较高的科技企业，尤其是初创期的科技企业而言并不适宜。创业板市场，即层次稍低于主板市场的资本市场，该市场的准入标准相对较低，相对于主板市场，该市场可以更好地满足科技企业的资金需求，尤其是中小型科技企业的需求。三板市场，即层次更低的场外交易资本市场，该市场对企业经营情况以及规模的要求更低，因此，其风险相对较大，该市场中企业股票并不是以公开的形式进行发行，且投资者的风险偏好更强，是为初创科技企业提供资金支持的主要市场。产权交易市场，即企业进行产权有偿转让的场所，该市场实质上扮演着中介资本市场的角色，大多不涉及资本投入，而是以出售或转让产权的形式为初创科技企业的资本退出途径提供一个选择，分散其风险。债券市场，即科技金融资本市场中层次最低的市场，尽管该市场通常服务于风险性较高的科技企业，但由于科技企业的高风险性决定了其独立发行的债券难以有效筹集到必要规模的资金，因此，科技企业通常需要借助政府或信托公司的力量集合发行债券，通过分散风险实现资金的有效筹措。①

投贷联动配套机制日臻成熟。通过探索创新股权直接投资和银行信贷组合来完善风险控制、激励约束和资金退出等机制，推动商业银行开展投贷联动业务。主要体现在以下三点：一是风险控制。针对科技企业高风险的特征，通过"机制隔离、资金隔离和风险缓释"建设，控制投贷联动风险。如美国硅谷银行借助风险投资基金甄别客户，评估项目风险；通过同属硅谷金融集团旗下的硅谷资本公司投股权和硅谷银行投信贷的模式开展投贷联动模式，从组织架构上形成股权和债权风险的隔离。硅谷银行风险投资资金主要源于债券和股票发行所得，信贷业务不占用风险投资业务资金，通过成立两家专门的公司管理创业投资基金，将创业投资和一般业务隔离开，通过资金隔离避免业务风险外溢。二是激励约束。通过政策支持、放宽监管等措施，激活银行持续开展科技金融业务动力。如英国金融监管局允许银行机构将中小企业成长基金的投资列入风险加权资产而非直接扣除资本，风险权重系数范围确定为190%～370%，这种资本结构设计从技术和监管层面为科技企业融资模式创新创造了条件。三是畅通退出机制。例如，美国股权投资机构可以通过纳斯达克下属"纳斯达克资本市场"在二级市场将股权出售给其他投资者或通过 Second Market 和 Shares Post 等非上市股权交易平台实现资本退出。②

二、政府调控机制

目前，各地政府在财政科技投入方面的创新探索主要有财政资金市场

---

① 长城企业战略研究所. 科技金融创新的理论与实践 [J]. 新材料产业，2015（11）.
② 王媛，王营. 科技金融服务体系建设的国际经验借鉴 [N/OL]. 金融时报-中国金融新闻网，2018-11-05.

化运作以促进创新链后端的融资及财政资金分担科技金融风险以弥补市场失灵这两种趋势。在财政资金市场化运作方面，各地政府设立了多种按照市场化方式运作的政策性基金，如产业引导基金、创业投资引导基金、科技成果转移转化基金等。在财政资金分担科技金融风险方面，各级政府为完善科技创新融资环境、促进科技创新及其应用，鼓励金融机构开发适合科技创新的融资工具，探索建立多元化的投资、贷款风险补偿机制以及政府直接贷款、中小企业贷款担保等方式，分担金融机构的投贷风险。投资风险补偿机制是由政府设立投资风险补偿金，对风险投资机构因投资科技企业而造成的亏损部分按一定比例进行补偿。①

1. 金融通过投入激励机制促进了科技的发展

金融可以通过投入激励机制促进科技的发展。金融可以通过优化金融资源的配置，引导市场上的金融资源流入科技企业中，满足科技企业，尤其是初创期或中小型科技企业的创新发展需求，进而促进科技的发展。对科技企业进行投资的风险相对较高，单凭科技企业自身进行融资不可避免会出现市场失灵，科技与金融的结合恰好弥补了这一失灵。科技企业的创新发展过程需要大量的资金支持，而金融可以通过政府配置以及采用金融中介的方式形成面向科技企业的投入引导机制。一方面，政府可以对金融资源进行有效的配置进而支持科技企业的发展。具体而言，政府既可以调控其财政资金，又可以与政策性金融机构合作，引导资金流向有潜力的科技企业，还可以通过调整存款准备金率等方式改变商业银行的信贷规模，进而间接对金融市场的资金流向进行引导。另一方面，金融中介可以通过其中介服务，为金融资源的供需双方搭建一个信息交流平台，降低供需双方的信息搜集费用及交易成本。

我国科技行业的发展速度明显落后于发达国家，这与科技企业发展中资金供需缺口有直接关系，因此，国家应当灵活运用这两种投入引导机制，在不断加大金融创新的同时，间接促进科技创新。具体而言，政府应当鼓励政策性金融率先将资金投入到具有发展前景的科技企业中，以向金融市场发出投资信号，待金融中介引导商业性金融资源流入科技企业后再

---

① 长城企业战略研究所. 科技金融创新的理论与实践 [J]. 新材料产业, 2015 (11).

选择退出，以充分提高我国金融市场上金融资源的配置效率。

2. 金融促进机制

科技可以通过其高收益的特性加强金融主体间的竞争，促进金融发展。科技企业在初创期存在明显的资金需求，而这一阶段的投资风险也相对最高，因此，这一阶段科技企业对金融资源的吸引力相对有限。但越接近成熟期，科技企业的盈利能力就越可观，也越具备吸引金融资源的能力，具有逐利倾向的金融资源就越倾向于主动流入科技企业，然而当初创期后，科技企业的资金需求是相对有限的，金融主体之间必然出现激烈的竞争，而这种竞争必然会激励各金融主体进行金融创新，以获得更大的竞争优势。

3. 风险分散机制

科技企业因为其高风险难以在发展过程中获取充足的金融资源，同样因为其高风险，科技企业自身的发展也蕴藏着巨大风险，存活率并不高。然而，科技与金融的结合可以有效分散风险，这种风险的分散主要通过资本市场与中介服务市场实现。

（1）通过资本市场分散风险。资本市场具有整合市场上不同风险偏好、不同规模需求的投资者与需求方并进行匹配的能力。因此，资本市场可以通过为科技企业发行不同风险程度的金融产品，进而分散投资者风险。一方面，资本市场可以通过发行不同风险程度的金融工具与金融产品供投资者进行选择，并使投资者获取与其投资风险相匹配的投资收益，进而分散投资者的收益风险。另一方面，资本市场下各层次交易市场可以实现金融工具与产品的灵活买卖，投资者可在债券等市场将其拥有的债券卖给其他投资者，分散投资者因面对流动性冲击而可能面临的流动性风险。

（2）通过中介服务市场分散风险。金融资源供给方对科技企业的投资本就可以分散科技企业面临的一部分风险，中介机构通过充分整合有效信息，可以降低因信息不对称及逆向选择等的存在而可能造成的风险。具体而言，中介服务机构既可以通过向金融主体提供科技信贷需求信息，对金融主体的信贷规模加以调控，降低金融主体的流动性风险；又可以通过整合科技企业信息，为金融主体的收益率提供保障，最终在保障金融主体利益的同时，满足科技企业创新发展的资金需求。

第五节 科技金融模式分析

随着全球经济迎来新一轮科技革命和产业变革的快速发展，各国在科技金融领域纷纷开展创新的探索与实践，以进一步优化金融资源在科技领域的配置。但受制于科技发展水平、金融体系的成熟程度、法律体系的透明程度、诚信体系的完善程度及社会文化环境等多种因素的影响，世界各国的科技金融运行模式与创新实践各不相同。各国呈现的发展模式主要有资本市场主导型、银行主导型、政府主导型（见表1-2）。①

表 1-2　各国科技金融发展模式

科技金融模式	资本市场主导型	银行主导型	政府主导型
供给主体	资本市场	金融机构	政府部门
适用特征	完善的多层级资本市场、资本证券化率高、创业风险投资活跃	银行体系性较强、业务结构稳定，是融资主要来源；银行持有企业股份或参与经营	政府在科技金融资源配置中起主导作用；科技金融发展处于初级阶段，科技型企业融资渠道
资金来源	风险资本、商业本票、股票、债券、融资租赁等	专门信用机构在全国债券市场发行债券	科技型企业融资渠道不畅直接补贴贷款贴息、信用担保和保险直接提供
主要特色	发达的风险投资体系；极具特色的科技银行；多元化的资本市场体系	发达的政策性金融体系；完善的信用担保体系；健全的法律法规体系	各种引导基金突出科技金融政策的指导作用；发挥财政科技投入的引导作用；政府直接介入风险较高领域的融资

① 李善民，陈勋，许金花. 科技金融结合的国际模式及其对中国启示［J］. 中国市场，2015（5）：40-47.

续表

科技金融模式	资本市场主导型	银行主导型	政府主导型
供给主体	资本市场	金融机构	政府部门
典型产品及服务	天使投资、众筹融资平台、硅谷银行、纳斯达克市场与做市商制度、新型"孵化器"	三大政策性金融机构、各类中小型金融机构、中央和地方两级担保、担保与再担保相结合的担保体系	财政资金的直接与间接支持、政策性与商业性金融机构的支持、多层次资本市场与技术交易市场、引导基金
代表国家	美国、英国	德国、日本	中国、以色列、韩国、印度

我国"资本市场主导型"科技金融的发展基础较薄弱，产权交易市场不成熟，风险投资资本退出机制不健全，使这一模式的科技金融逐渐淡出科技创新活动。目前我国征信体系的不完善以及担保机制不健全，使"银行主导型"科技金融面临较高的信贷违约风险，无法为我国科技型中小企业提供稳定的资金。因此，在当前我国市场环境下，"政府主导式"的科技金融发展模式在现阶段成为重要补充。但是财政支持对科技创新的支持范围较小，难以形成长期稳定的金融发展支持体系。随着我国资本市场的发展、征信与担保体系的完善，逐渐形成"社会主导式"的科技金融发展模式，从市场、政府、银行、企业等多层面，融合多元发展模式优势，形成内外循环的可持续发展的科技金融生态体系。

第二章
世界其他三大湾区的科技金融发展分析

　　湾区是由一个海湾或相连若干个海湾、港湾及邻近岛屿共同组成的区域。世界银行的一项数据显示，全球60%的经济总量集中在湾区部分。这由湾区非同寻常的地理位置所衍生出的经济效应被称为"湾区经济"。全球著名的三大湾区即纽约湾区、旧金山湾区和东京湾区。科技金融属于产业金融的范畴，主要是指科技产业与金融产业的融合。科技金融是随着科技与金融融合发展到一定阶段的产物，是根据科技创新在不同的发展阶段客观存在着不同的收益和风险特性及其不同的金融形式、不同的期望收益和风险偏好进行有效匹配，相互耦合而形成的一系列金融形式。科技金融的使命就是通过金融手段为科技创新及科技成果转化提供充足的资金保障，促进科技不断创新和科技成果成功转化落地，进而推动经济发展和社会进步。由于高科技企业通常是高风险的产业，同时融资需求比较大，因此，科技产业与金融产业的融合更多的是科技企业寻求融资的过程。分析世界三大湾区的科技金融发展，对我国珠三角城市群，特别是后来形成的粤港澳大湾区的科技金融发展有着很大的借鉴意义。

第一节　美国纽约湾区科技金融发展分析

一、美国纽约湾区的基本概况

　　纽约湾区是以世界大型港口纽约港为基础，自 19 世纪 80 年代开始逐步发展，由小到大、由单一格局到多中心格局不断演变，通过资本、人才和技术的集聚，进一步发展成全球的贸易中心和金融中心，直至奠定当今世界经济中心的地位。目前，花旗等六家大型银行总部，纽交所、纳斯达克、美交所及高盛、摩根斯坦利等 2900 多家金融、证券、期货及保险和外贸机构均设于此。美国纽约湾区的陆地面积为 2.15 万平方千米，由 31 个县组成，人口达 2340 万，约占美国总人口的 7%。湾区的重要城市包括纽约市、纽瓦克市和新泽西市，其中，纽约市不仅是纽约湾区的中心和美国第一大都市，也是世界上就业密度最高和公交系统最繁忙的城市，平均每年的旅客流量近 3000 万人次。另外，纽约港为美国第一大商港，由此铸就了纽约湾区作为国际航运中心的地位。与此同时，纽约湾区设有 58 所大学，其中，纽约大学与哥伦比亚大学为世界著名大学。作为国际湾区之首，纽约湾区不仅贡献了美国 GDP 的 3%，而且还是世界金融的核心枢纽与商业中心，除全球 500 强企业有 40% 在此落地之外，纽约市的曼哈顿中城还是世界上最大的 CBD 及摩天大楼集中地，不仅蜚声全球的华尔街横卧于此，同时还聚集着 100 多家国际著名的银行与保险公司的总部。正因如此，纽约湾区的第三产业占比超过了 90%。

研究纽约湾区历史不难发现，纽约曾经是欧洲进入北美殖民地和加勒比海地区进行贸易的唯一港口，是连接欧美大陆的主要桥梁。随着贸易的发展及资本的大量进入，使纽约迅速成长为全球重要的港口城市。之后受益于两次世界大战，纽约获得快速发展契机。特别是在美元成为国际流通货币后，纽约确立了其继伦敦之后全球第二的金融中心地位，这为纽约湾区成为世界级湾区奠定了基础。当前，纽约湾区已形成以金融业为引领的高端生产性服务业和以高端人才为支撑的创意产业，涵盖广告业、娱乐业、传媒业、文化产业、艺术品收藏等。充满活力的经济结构，叠加多元化和包容性的社会环境，造就了纽约湾区生机勃勃、影响广泛的大都市经济。

1. 在文化方面

"美国梦"为纽约湾区营造了努力奋斗、和谐包容的文化氛围。"美国梦"起源于纽约湾区，它是指只要在美国经过努力不懈的奋斗便能获得更好生活的理想，也即人们必须通过自己的勤奋工作、勇气、创意和决心迈向繁荣，而非依赖于特定的社会阶级和他人的援助，通常这代表了人们在经济上的成功或是企业家的精神。纽约湾区正是通过对"美国梦"的继承和发扬吸引了大量移民，这些移民通过努力实现自我价值，创造财富，为湾区带来高素质劳动力的输入。"美国梦"还孕育出开放包容、多极多元的移民文化。例如，纽约湾区会聚了 150 多个国家和地区的外籍居民，约占纽约总人口的 40%，世界不同文化、不同文明在此相互碰撞和融合。

2. 在激励机制方面

高质量的区域规划成为纽约湾区合作共赢的激励机制。纽约湾区有着高质量的区域规划。纽约湾区依托纽约区域规划协会（Regional Plan Association）先后完成了三次重要规划，成为纽约湾区百年发展的最重要因素。一是 1929 年的"第一次区域规划"，规划范围包括 22 个县，5528 平方英里，将如何适应城市爆炸式增长、物质空间建设落后于经济增长速度视为需要重点解决的问题；二是 1968 年的"第二次区域规划"，规划提出了"再集中"理念，即将湾区就业集中于卫星城，并恢复湾区公共交通体系，以解决郊区蔓延和城区衰落问题；三是 1996 年的"第三次区域规划"，规划的核心是凭借投资与政策来重建经济、公平和环境，并通过整合经济、公平和环境推动区域发展，从而增加区域的全球竞争力。

3. 在战略方面

纽约湾区实施的是投资驱动与创新驱动并行的经济社会发展战略。战略规划以湾区优势金融力量驱动湾区服务业的高速发展，并依托辖区内传统高校的科研实力，形成现代服务业创新生态体系。战略的输入点是发挥税收、交通、教育等区位优势吸引金融资源的进驻，形成湾区金融循环系统，助力湾区服务业质量齐飞。战略的承接点是依托湾区良好的科技人才资源和目标性较强的研发投入，带动湾区新一代信息技术的快速发展，巩固金融科技、信息制造、生物医药等精尖产业的市场优势地位。战略的输出点是构建湾区金融创新生态系统，形成集金融科技、政策激励、研发支持助力湾区现代服务业持续盈利的新模式。

二、美国纽约湾区的科技金融发展状况分析

从六个角度来对纽约湾区的科技金融发展状况进行分析:

1. 从科教的角度

纽约湾区有着许多世界著名学府,以提供丰富的科技与金融方面的人才,智力资源丰富。纽约湾区设有 58 所大学,其中,康奈尔大学、纽约大学、普林斯顿大学与哥伦比亚大学享誉全球。同时,纽约也是全美和全球的金融中心。由于地区金融业的高度发达,湾区创业公司又集中在金融科技领域,特别专注于对移动支付、区块链、移动银行、云技术、信息安全、物联网等新一代信息技术的研发上,这些新业态的出现倒逼湾区信息化教育的兴起和快速发展,越来越多数字人才的出现使纽约湾区 IT 行业就业人口一跃成为全美第二,仅次于旧金山湾区,并顺利成为美国第二个硅谷。

2. 从创投的角度

纽约湾区金融实力雄厚,技术领域关注度清晰,湾区研发投入强度乏力。纽约被誉为"全球金融心脏",纽约湾区汇聚了全球市值最大的纽约证券交易所和市值第三的纳斯达克证券交易所,金融服务业占湾区 GDP 比重高达 15.39%;花旗、高盛、摩根斯坦利等 2900 多家银行、证券、期货、保险等金融领域的巨头企业将总部和分支机构设立于此,其中,包括 200 余家全球 500 强企业。纽约湾区的最大特色就是与金融业结合紧密的新技术在研发、中试、转化、运用及推广的各个环节都会有强大的资金保障。例如,2015 年后,摩根大通持续加强对区块链、人工智能和大数据等技术领域的投入,平均每年在新一代信息技术上的投入超过 90 亿美元;保险巨头——美国国际集团(American International Group,AIG)通过资本运作收购了大批研发型公司,组建了自己的研发团队,将人工智能和大数据用于车险场景,在理赔、后台风险分析、风险预测评估等方面提升了市场竞争力。

3. 从市场资源的角度

纽约湾区构建了基建、消费、信息、金融等综合性资源体系。一是拥

有完备的基建资源，纽约市是纽约湾区的中心和美国第一大都市，也是世界上就业密度最高和公交系统最繁忙的城市；同时，纽约港为美国第一大商港，由此铸就了纽约湾区作为国际航运中心的地位。二是拥有功能齐全、服务广阔的消费市场，高端服务业和创意产业成为湾区市场的主要资源，涵盖广告业、娱乐业、传媒业、文化产业、艺术品等多个行业。三是拥有丰富的信息化资源，依托湾区内高校信息化学科建制，于2011年率先设计数字城市路线图，促进了湾区信息产业资源的供给量和需求量的提升。四是拥有规模强大的本土金融资源，超过3000家本土金融机构总部设立于此。

4. 从政策的角度

除基本的对口科技行业享受财税减免政策以外（共性政策），纽约湾区政策红利主要集中在金融政策领域，具体表现在五个方面：一是金融创新与培育政策，纽约湾区率先创造先进而丰富的金融产品，例如，证券化资产、衍生金融工具等，同时培育多样化的机构投资者，使养老基金、投资银行、保险公司、共同基金公司等在市场百花齐放，奠定了湾区创投的基础；二是科技金融准入政策，政策以放松管制为主，具体举措主要在放宽基金管投融渠道方面，例如，扩大投资咨询和基金管理公司准入，部分政府公共基金试行商业化管理或扩大投资渠道等，激发了湾区创投的活力；三是科技金融交易政策，表现在灵活的交易制度上，例如，纽约纳斯达克率先建立了科技金融指数（基于49家科技型上市公司），并推出相关的期货衍生产品，以交易成本优势或交割标的灵活方式而增强期货产品对投资者的吸引力；四是私募股权科技领域的退出优惠政策，例如，在一级市场首次公开募股（Initial Public Offerings，IPO）、并购、二次出售的政策，在二级市场投资权益转让的优惠政策等，为科技私募基金提供了锁定利润的保障；五是外松内紧的金融监管政策，坐落于纽约湾区内部的美国金融业监管局为湾区金融业提供了宽松的监管环境，同时守住了湾区资本市场良好的声誉。

5. 从平台载体的角度

金融载体成为纽约湾区高科技行业快速发展的承载力量。首先，纽约港曾是欧洲进入北美殖民地和加勒比海地区进行贸易的唯一港口，是连接欧美大陆的主要桥梁，这为纽约成为全球第一大金融中心奠定了载体优势；其次，"特色金融"小镇成为纽约金融载体的中坚力量，例如，湾区的格林威治小镇因优惠的税收政策、发达的交通和教育等区位优势吸引了世界 500 多家对冲基金在此落户；最后，借助金融驱动力构筑了美国东部"硅湾"，也被誉为"东部硅谷""创业之都"，成为继"硅谷"之后美国发展最为迅速的信息技术中心地带。

6. 从企业活力的角度

纽约湾区所辖三大州产业布局不同但各有优势，优势企业全球竞争力明显。位于纽约湾区东北部的康涅狄格州是美国传统的工业中心，军事工业发达，素有"美国兵工厂"之称，在金属制造、电子及塑料工艺等方面处于全球技术领先水平；全球著名的对冲基金之都格林威治也坐落于此，174 平方千米内汇集了超过 50 家对冲基金公司。位于纽约湾区西北部的新泽西州制造业发达，尤以制药业突出，在全美名列第一。该州拥有强生、默克等知名大公司，各类制药企业 270 余家，生产的药品占全美的 25%；有 20 多家世界级制药企业的总部设在新泽西州，这些企业的销售额约占全球制药业销售总额的一半。纽约州的整体教育水平极高且研发机构聚集度高，创新创业氛围浓厚，尤其是信息通信技术（Information Communication Technology，ICT）产业极为活跃，每年为湾区提供 29.1 万个就业岗位和超过 300 亿美元的工资收入。

第二节　美国旧金山湾区科技金融发展分析

一、美国旧金山湾区的基本概况

美国旧金山湾区的陆地面积为 1.8 万平方千米，由 9 个县覆盖而成，总人口超过 700 万。在由 101 个大小城市组成的美国第五大城市群落中，湾区最著名的城市包括旧金山市、奥克兰市和圣何塞市，其中，旧金山是中心城市。众所熟知的硅谷位于圣何塞市，尽管该地区人口占比不到全国的 1%，但却创造了美国国民生产总值（Gross Domestic Product，GDP）的 5%。以硅谷为中心，旧金山湾区曾经是军事电子产品的生产基地，随着半导体、微处理器和基因技术的出现，现在的湾区高技术企业主要是信息技术和生物技术。包括计算机和电子产品、通信、多媒体、生物科技、环境技术及银行金融业和服务业。它在历史上有很多个"世界第一"：集成电路、微处理器、心脏移植、重组 DNA。硅谷是由许多城市所组合而成的。加州有两个世界著名的都会区，一个是南加州大洛杉矶地区，另一个是北加州旧金山湾区，简称湾区（Bay Area）。旧金山湾区的南湾（South Bay）地区便是硅谷中心地带，像是圣荷西（San Jose）、森尼韦尔（Sunnyvale）、费利蒙（Fremont）、圣克拉拉（Santa Clara）、库帕蒂诺（Cupertino）也属于硅谷。受到硅谷这一闪耀亮点的支撑，旧金山湾区不仅驻扎着 30 多家私人创业基金机构，而且全美国超过 40% 的风险资本集中于此，撬动着技术与产业的扩张，最终孕育出了谷歌、苹果、脸谱与英特尔等全球知名企业。

除了资本的巨大催生功能之外，科技创新也是旧金山湾区经济增长的强大引擎。目前，旧金山湾区拥有斯坦福、加州伯克利等 20 多所著名大学，还分布着航天、能源研究中心等高端技术研发机构，引领全球 20 多种产业发展潮流。尤其是旧金山湾区，虽然已经成为美国高科技产业集中地区，但其依然保留着多丘陵的海岸线、海湾森林山脉和广袤原野，这种优美的自然生态与极具包容的创新文化相映照，构成了吸引和留住全球顶级人才的关键。

1. 在文化方面

"掘金梦"、容忍失败、开放包容成为旧金山湾区特有的文化氛围。旧金山湾区的成果也和这三点息息相关：一是"掘金梦"吸引大批移民，根据美国移民协会统计，2006~2010 年，加州共新增 676537 位移民企业家；2007~2011 年，加州 45% 的新创企业都是由移民者建立的。二是鼓励冒险，容忍失败，塑造科技金融"文化基因"。硅谷的文化对失败具有很强的宽容度，容忍有新想法，允许失败，硅谷的不少创业者往往到第三次才最终获得成功。三是形成多元包容的文化氛围，湾区城市往往孕育出开放包容、多极多元的移民文化；此外，旧金山湾区还堪称美国的"民族大熔炉"，在旧金山有些地区，亚洲人密度高居全美第一。

2. 在激励机制方面

旧金山湾区把知识产权作为激励湾区科技持续创新的重要机制。旧金山湾区是科技驱动型区域，保障科技成果研发及转化过程中的稳定收益，持续激发科技人才的工作热情离不开对现代产权制度的探索。旧金山湾区知识产权激励机制有五个显著特点：一是条文法与判例法的混合体，强调实用性、灵活性和可操作性；二是强调把专利颁给第一个专利发明人，充分体现了激励创新、促进区域科技进步的制度本质；三是强调专利与标准的结合，使标准化成为专利技术追求的最高形式；四是将专利与贸易挂钩，提高技术市场的进入壁垒；五是采取谁投资谁受益原则，促进科技金融体系的建设。

3. 在战略方面

旧金山湾区是典型的科技驱动经济社会发展战略。战略规划以湾区高校为技术依托、以湾区的高端产业为龙头、以腹地的配套产业为支撑，形成较大范围的产业集聚区。战略的输入点聚焦在核心技术的自主研发上，包括信息技术和生物技术，涉及计算机和电子产品、通信、多媒体、生物科技、环境技术等多个领域，形成了集成电路、微处理器、心脏移植、DNA 重组等多个自主研发的技术，汇聚了如惠普、英特尔、思科、升阳、旭电、甲骨文科技、苹果、英特尔和 IBM 等举世闻名的大企业。战略的承接点环绕着美国西海岸旧金山海湾的 9 个县共 101 个城市，形成了以湾区高附加值产业引领技术变革，以腹地的生产加工为配套的大范围的产业集聚区。战略的输出点是建立湾区科技创新生态系统，形成集技术研发、政策保障、金融支持促进湾区高新技术产业可持续发展的硅谷模式。

二、美国旧金山湾区科技金融发展分析

从六个角度来对旧金山湾区的科技金融发展状况进行分析：

1. 从科教的角度

旧金山湾区依托内部优质教育资源，吸引大批优质科技企业进驻，始

终面向学术前沿和服务科技主战场。一是旧金山湾区有数以百计的高校和科研机构，其中，包括斯坦福大学、加州大学伯克利分校等基础研究实力引领全球的知名研究机构，为旧金山湾区硅谷的形成打下了重要基础；二是吸引了一大批世界著名的巨型科技公司和数以万计的中小微科技企业进驻，湾区教育资源呈现供不应求的态势；三是依托教育资源构建了"科技+产业+基金"的创新创业生态系统。

2. 从创投的角度

旧金山湾区依托优质研发资源广泛吸引险资介入，区域研发投入规模与强度位居全球前列。由于旧金山湾区硅谷研发实力享誉全球，它很早就成为美国风险投资的发源地，而全球大量金融衍生工具也是从这里产生的。硅谷有了世界上最完备的风险投资机制，在投资阶段，创新企业的导入期和成长期是大多数风险投资集中关注的阶段，充足的资金来源满足了处于这两个阶段的创新型中小企业融资需求，风险投资的孵化器功能得到了充分体现；在退出机制上，美国纳斯达克市场的建立为风险投资提供了畅通的退出机制，为资本的顺利退出保驾护航。据科睿唯安（原汤森路透知识产权与科技事业部）的数据显示（2016），旧金山湾区有 1000 多家风险投资公司和 2000 多家金融中介服务机构，风险投资规模占美国风险投资总额的 1/3；80% 以上的风险基金来源于私人的独立基金，包括个人资本、机构投资者资金、大公司资本、私募证券基金、共同基金等；2015 年，旧金山湾区获得 135 亿美元的风险投资成为全球险资最活跃的地区。2015 年，旧金山湾区研发投入高达 1251 亿美元，位居全美第一。其中，企业研发投入为 1080 亿美元，占湾区研发总投入的 86.3%，同时，旧金山湾区 R&D 投入强度为 5.02%。旧金山湾区还出现了一些新的现象——许多大的科技公司成立了自己的风险投资基金去投资新的初创期的科技公司。例如，微软已经成立了一只风险投资资金——微软创投，寻求投资于包括云计算和人工智能等前沿领域的初创企业。

3. 从市场资源的角度

旧金山湾区率先设立了极高的知识产权壁垒，占据了全球科技市场资源。例如，在电子领域，瓦里安兄弟发明了真空电子管；在硅片方面，仙童半导体公司发明了制造晶体管的平面工艺，同时它也是集成电路的发明者之一，英特尔的工程师们发明了微处理器。在计算机领域，斯坦福研究中心的道格拉斯·恩格巴特于 1968 年首次提出将电脑用于提高个人生产率的概念；施乐公司 PARC 研究所实现了一些重大突破，包括推出了图形用户界面；苹果公司推出第一台成功的微型计算机；IBM 阿尔梅登实验室发明了磁盘储存信息的随机存取和相关型数据库；斯坦福大学和伯克利加州大学的研究人员在 RISC 芯片和相关型数据库结构方面取得了重大进步。旧金山湾区极高的知识产权壁垒极大地增加了相关科技行业的核心竞争力，进而也为吸引风险投资提供了竞争力。

4. 从政策的角度

旧金山湾区以科技政策为主，将自主创新能力视为湾区发展的核心竞争力。一是实施研发投入减免政策，允许企业从应纳所得税额中扣除研发投入的一部分支出，是一种间接优惠的税收政策，可以减轻企业税负，更能激发企业从事研发活动的积极性，并鼓励险资进入创新领域。二是人才吸引政策，通过修改移民法案优先吸引高学历人才进驻，直接吸引了 20 余万高端人才进驻湾区，整个湾区硕士以上学历人口高达 46%，其中，博士学位拥有者达 16%，奠定了旧金山湾区科技创新的基础。三是金融投资财税减免政策，险资投资科技领域的所得税由 49% 下降到 20%，这使险资介入湾区科技领域呈乘数效应递增。四是政府采购政策，联邦政府对旧金山湾区的政采从 20 世纪 90 年代开始，这大大刺激了硅谷地区技术市场的活力。五是知识产权保护政策，旧金山湾区专利申请量占到全美总量的 50%，国家专利数每年约以 13% 的速度递增；在创新驱动经济发展的湾区模式下，湾区政府打击知识产权侵权行为，保障技术拥有者的根本权利，激发创新动力成为常态化工作。

5. 从平台载体的角度

硅谷是旧金山湾区的名片和重要载体，其载体优势就在于高度集中和技术领先。首先，旧金山湾区技术研发、技术转化、技术市场全集中在硅谷地区。其次，硅谷汇聚了不同类型的研究力量，例如，高等院校斯坦福大学、专科技工学校圣塔克拉拉大学、国立研发机构能源部劳伦斯伯克利国家实验室、校企联合研发机构斯坦福 Bio-X 中心等。再次，旧金山湾区还是全球科技金融的发源地，汇聚了许多科技金融载体，以风险投资行业为主体，以传统金融渠道、创业板市场为辅助，相互促进、共同发展。最后，湾区拥有丰富的海运和航运经验，港口承载着通往太平洋贸易的通道，机场是美国重要航空公司的枢纽站和"硅谷"高科技产品走向世界的重要载体。

6. 从企业活力的角度

科技可以驱动企业及企业家持续创新的活力，研究机构和研究队伍成为企业释放活力的重要保障。在美国《商业周刊》发布的"2017 年世界100 强科技企业"中，有 20 家来自旧金山湾区，例如，惠普、思科、英特尔、苹果、甲骨文、谷歌、eBay、雅虎、VISA、Adobe、Facebook、Twitter、Uber 等与人们生活息息相关的全球知名企业，并诞生了一批技术活力型企业的领导者，又如亚马逊创始人贝佐斯，微软的比尔·盖茨、Facebook 的马克·扎克伯格、甲骨文的拉里·埃里森、谷歌创始人拉里·佩奇，这些企业家随时影响着全球产业的变革。同时，湾区拥有 20 多所著名大学，还分布着航天、能源研究中心等高端技术研发机构，总量超 100 万的技术人员引领了全球 20 多种产业发展潮流，创造了全美 13%的专利申请量，这成为湾区科技企业持续释放活力的重要来源。良好的科技企业的活力为科技企业获得金融方面的融资及支持打下了良好的基础。

第三节　日本东京湾区科技金融发展分析

一、日本东京湾区的基本概况

日本东京湾区陆地面积 1.3 万平方千米，由"一都三县"即东京都、神奈川县、千叶县和琦玉县组成，人口 3500 万，占日本总人口的 26.3%。以东京为中心，东京湾区环绕着横滨、川崎、船桥、千叶四座大城市，同时，东京湾沿岸形成了由横滨港、东京港、千叶港、川崎港、木更津港、横须贺港六个港口首尾相连的马蹄形港口群，年吞吐量超过 5 亿吨。庞大的港口群带动了东京湾区产业集聚和人口集中，也锻造出日本最大的工业城市群和最大的国际金融中心、交通中心、商贸中心和消费中心。

作为日本工业产业最为发达的地带，东京湾集中了钢铁、有色冶金、炼油、石化、机械、电子、汽车和造船等主要工业部门，并形成了京滨、京叶工业区为核心的两大工业地带，工业产值占全国的40%，GDP占全国的26%。特别是在京滨工业带上，不仅集聚了NEC、佳能、三菱、丰田、索尼、东芝和富士通等世界著名的大企业，而且驻扎着武藏工业大学、横滨国立大学等著名高等学府。东京湾区不仅是全世界GDP最高与人口密度最高的湾区，更是世界500强集聚程度最高的地区。

1. 在文化方面

公司利益至上，忧患意识始终。东京湾区是日本传统公司文化的发源地，员工始终把公司的利益放在第一位，忠诚于上司、忠诚于公司；这种"忠诚"也使日本企业中的终身雇用制得以很好地实行，使日本员工对企业有着极高的忠诚度；同时，这种"忠诚"还提倡与他人和谐相处、互帮互助，这也使东京湾区衍生出各式各样提高企业凝聚力和向心力的企业文化。"忧患意识"也是东京湾区"创新"的重要文化，这来源于日本长期的自然条件所形成的国民性格。由于日本自身是一个资源匮乏的国家，同时又经常发生地震、海啸等自然灾害，于是日本政府和社会各界经常向民众提出日本存在的危机，以此来激励日本民众奋发图强、不甘落后的"忧患意识"，这也形成了日本引领型企业文化中的"忧患意识"这一典型特点。

2. 在激励机制方面

基于日本《港湾法》制定了《东京湾港湾计划的基本构想》和《第五次首都圈基本计划》等合作机制，有效解决了湾区贸易恶性竞争和区域性人口过度膨胀等社会问题，同时构建了符合湾区协调发展的运营机制。具体表现在三个方面：一是重视港城协调联动，实现港城共荣。得益于港口群的带动，东京湾地区京滨、京叶两大经济带的发展形成了由东京、川崎、横滨、千叶等大城市构成的城市群，并逐步发展成为日本最大的重工业和化学工业基地；二是重视交通等基础设施建设，促进各种资源要素的集聚；三是重视网络化体系建设，在东京市区之间、与周边城市之间的客运网络体系以轨道交通为主、高速公路为辅，交通等基础设施建设网络化促进了区域和周边城市之间的人口流动与都市产业布局调整。

3. 在战略方面

东京湾区一直贯彻实施"工业分散"战略，将一般制造业外迁，机械电器等工业逐渐从东京的中心城区迁移至横滨市、川崎市，进而形成和发展为京滨、京叶两大产业聚集带和工业区。"工业分散"战略布局上强化了东京的中心城区高端服务功能，重点布局了高附加值、高成长性的服务行业、奢侈品生产业和出版印刷业。"工业分散"战略既解决了东京的过度膨胀问题，又促进了外围地区工业的发展。当实施"工业分散"战略后，东京从传统工业化时期的以一般制造业、重化工业为主的产业格局，逐渐形成了以对外贸易、金融服务、精密机械、高新技术等高端产业为主的产业格局，而石油、化工、钢铁等重化工业则全面退出了东京。东京从而成为日本的政治、金融、商业和文化中心。

二、日本东京湾区的科技金融发展分析

从六个角度对日本东京湾区科技金融发展情况进行分析：

1. 从科教的角度

东京湾区的优势产业成为教育发展动力并引导研究发展方向。例如，东京湾区内的京滨工业区集聚了 NEC、佳能、三菱集团、丰田集团、索尼、东芝、富士通等国际知名企业与东京大学、庆应大学、武藏工业大学、横滨国立大学等大批日本著名高等学府开展联合办学，使湾区的优秀人才按功能定位聚在一起并产生群聚效应，表现在三个方面。一是企业科研主体地位明显，每年企业研发经费的投入超过东京湾区研究与试验发展经费的80%；二是企业积极促进科研成果转化，与湾区内大学开展稳定的合作，主动建立专业的产、学、研协作平台；三是由于湾区内大学与产业发展联系紧密，将原隶属于多个省厅的大学和研究所调整为独立法人机构，赋予大学和科研单位更大的行政权力。

2. 从创投的角度

东京湾区以产业金融为特色，优先为湾区内部企业提供金融服务，区

域研发投入保持均衡态势。东京湾区拥有良好的金融实力,在 2015 年全球金融中心指数(Global Finacial Centers Index,GFCI)排名中位列第五,其金融业主要依靠银行业进行支持,银行类金融机构数量占湾区所有金融机构数量高达 35%。以三菱日联银行、三井住友银行和瑞穗银行三大金融集团为代表的银行机构成为湾区产业发展的重要驱动力。而日本年销售超过100 亿日元的企业 50%都集中在东京湾区,其对信贷和融资等方面的需求也成为支撑湾区金融业蓬勃发展的重要推手,这也形成了金融业与实体产业相互协作的格局。例如,丰田集团与 MS & AD 保险集团联合构建符合自身发展需求的金融生态圈,MS & AD 保险集团增持丰田集团股份成为其第一大股东,而丰田集团获得融资后投入新能源汽车研发并为其上下游客户提供相应的保险服务,这大大增加了企业市场竞争力。整个湾区近 10 年的R&D 投入强度呈现平衡的状态,基本在 3.5%左右浮动。其中,企业 R&D投入贡献率约在 72%,政府 R&D 投入贡献率约在 20%,其他非营利性社会机构 R&D 投入贡献率约在 8%。

3. 从市场资源的角度

东京湾区具有良好的地理资源。地理资源优势驱动湾区工业产业发展,带来极具竞争力的市场资源。一是地理资源优势禀赋为湾区工业带发展奠定基础,东京湾深入内陆逾 80 千米,是天然的优良深水港湾,内宽外窄,并能在面积相对狭小的空间培育多个港口城市;同时,港湾紧连的冲积平原地区及后期填海造地带来的充分陆域,可用于仓储区和工业区的建设发展。二是湾区工业带与湾区港口紧密结合,降低了要素流动成本,提升了产品输出效率,形成了集钢铁、有色冶金、炼油、石化、机械、电子、汽车和造船等主要工业产业于一体且引领全球产业发展的新格局,为日本带来了丰厚的市场资源。良好的工业基础为科技金融的发展提供了良好的基础。

4. 从政策的角度

日本东京湾区以产业政策为主,每 10 年为一个政策周期,政策与产业同步升级。20 世纪中叶实行产业振兴扶持政策,旨在摒弃湾区原有资源消耗型产业,通过贷款和财税减免来扶持新兴产业和高潜力成长产业,同时打破技术引进和出口的限制;20 世纪中后期,东京湾区又开始执行重化学产业政策，湾区实现贸易自由化和资本自由化，同时采用官民协调方式形成新的产业体系，推进海运业、钢铁、汽车等行业的合并和业界重组，给湾区经济带来了前所未有的高速增长；20世纪末期，东京湾区开始了石油危机后的产业政策，这一阶段湾区的产业结构从发展严重依赖石油进口、能耗大、资本密集程度高的初级重化学工业，调整为发展能耗小、技术和知识密集型的中高级重化学工业，其结果是在日本经济大衰退的背景下，湾区经济仍旧保持适度增长；贸易收支仍然保持顺差；出口商品结构进一步改善；劳动生产率进一步提高；21世纪，东京湾开始探索"产业+资本"的发展政策，政府控股的银行开始扶持湾区内部科技型中小企业发展，中小企业可通过政府指定机构提供的追加信用担保，在一般银行贷款，产生的信用保证费用由政府支付一半，对有计划进军海外地区的中小企业，政府还为它们提供免费的信息和技术服务，这直接带动了东京湾区的创新水平和工业化率的提高。

5. 从平台载体的角度

东京湾区的平台载体较为集中，由工业平台、联合孵化平台、港口协作平台构成。一是依托京滨、京叶两大工业平台形成了湾区自己的工业体系，构建了湾区钢铁、有色、炼油、石化、机械、汽车、电子等主要工业部门；二是打造知名企业、知名高校与知名研究机构的协作平台，构建面向产业发展需求的创新生态系统；三是港口成为湾区城市群协同发展的重要载体，包括东京港、千叶港、川崎港、横滨港、横须贺港、木更津港和船桥港在内的七个港口整合为"广域港湾"，对内独立经营、分工明确，对外则形成统一整体，实现城市群、港口群的巨大规模经济。

6. 从企业活力的角度

东京湾区位列全球创新集群首位，优势产业竞争动力强劲。根据科睿唯安（原汤森路透知识产权与科技事业部）最新公布的2016年全球百强创新机构调查结果，日本公司数占据总体的34%，仅次于美国的39%。东京湾区拥有20家创新百强公司，占日本入围总数的58%。其中，有11家同为全球五百强企业，也有全球领先的半导体供应商瑞萨电子、著名的电子设备制造商奥林巴斯及日本知名的机械制造商川崎重工等九家注重创新研发的企业；日本在汽车制造行业的创新能力优势明显，全球入围的九家汽车制造及配件公司中有七家是日本企业。此外，东京湾区数字化产业同样引领全球，其产业市场份额已超全球数字产业总份额的 1/3，涌现出日立、东芝、索尼、佳能等高端数字技术企业，展现了极强的市场生命力。

第四节　三大湾区科技金融发展的横向对比分析

一、三大湾区的共同特征

开放的经济结构、高效的资源配置能力、优美宜人的生活环境、强大的集聚外溢功能、发达的国际交通网络与强劲的经济发展是迄今为止林林总总的研究成果粘贴在湾区经济身上的系列标签，以这些抽象的轮廓与粗线条的勾勒为基础，通过对三大湾区的研究，可以描述湾区经济更为细致且具体的共同特征。

1. 优越的地理构造

与直线形或外凸的弧形滨海地区相比，湾区三面环陆，从而成就了"拥海抱湾"的独特地理造型，并因此具备了比一般沿海地区更优越的生态和区位，如避风、水深和防冻等优点，从而适于建造大小不一的港口，形成港口群。另外，由于湾区靠近海洋、海湾，环绕大面积水域，温差较小，由此形成了怡人的自然环境和优良的生态环境。

2. 发达的港口城市

湾区海岸线长、腹地广，使湾区能在面积相对小的空间孕育多个港口城市，同时湾区通道建设使湾区港口城市两点之间的通勤距离降到最短，使整个湾区的经济联系更加紧密。作为湾区经济基本单元，港口城市既是对外开放的重要门户，又是连接本国市场和国际市场的重要节点。

3. 强大的核心都市

湾区经济一般都是城市群，但每个城市的地位与作用不尽相同，其中，只有一个城市为核心都市，而且核心城市一般为政治、经济或金融与文化中心，其他城市都会围绕着核心城市谋求产业与职能的错位发展，以共同提升整个湾区经济的竞争力。进一步而言，湾区经济之所以具有高度的竞争力，重要的原因就是与其他都市圈相比，它拥有多个能量各异的世界级港口城市。

4. 健全的创新体系

与一般的休闲湾区相比，湾区经济内往往聚集着高度发达与门类齐全的产业系统。围绕着产业扩张的需求，湾区内不仅设立培养高端人才的高等学府，而且盘踞着跨国公司的研发中心及各种类型的国家创新机构，另外，还有大大小小的资本孵化组织，为了促进产学研互动与对接，政府会创设各种产业协作运行平台。也正因如此，湾区经济才能催生强大的产业集聚效应。

5. 高效的交通设施

湾区内的港口与港口之间、港口与城市之间、城市与城市之间、沿海与腹地之间，物流、人才流、技术流及资金流等都会在最短的时间圈中完成配置与投放，因此，企业经营效率、人员工作效率大大提高，湾区的城市网络效应得以充分彰显。

6. 包容的文化氛围

基于高度开放的市场环境及宜人的居住生态，丰饶的创业土壤和充满竞争性的工作机会，使湾区成为大量外来人口的聚集地，从而荟萃成来自世界各地的多民族文化，而且多元文化又进一步促进了湾区开放，激发与反哺湾区城市的创新发展。

7. 合理的分工协作

湾区经济一般涉及多个行政区，不管是产业分工合作、城市基础设施衔接，还是生态环境保护，都需要区域协调，而且发展成熟的湾区经济无不有着合理的分工协作体系，包括加强统筹规划、明确城市与港口的角色定位、成立湾区政府协会、交通委员会等多种治理组织。

二、三大湾区科技金融发展的差异性对比分析

1. 纽约湾区：以金融服务+科技载体为特征的金融驱动模式

纽约湾区具有多元化的资本市场融资体系，它是促使湾区高科技产业

和创业投资成功的一个重要原因，在整个资本市场中处于中间层次，有以证券交易所为代表的主板市场和二板市场、以场外柜台交易系统为代表的三板市场及非正规市场上流通的私人权益资本市场，这些作为主要融资渠道，有效地服务了湾区信息技术企业的基本需求。在此基础上，以互联网为代表的现代信息科技得到了蓬勃的发展，特别受到移动支付、社交网络、搜索引擎和云计算等技术平台的支持，湾区互联网金融呈现旺盛的生命力。同时，纽约湾区还有良好的激励机制，即政府在扶植和引导金融投资的同时对风投业务基本不干预，任其自由发展，主要原因是风投文化与政府文化很难相容。

2. 旧金山湾区：以基础科学+金融创新为特征的科技推动模式

旧金山湾区的内部科教资源极为丰富，形成明确的学科布局、技术演化路径与产业发展方向，技术成为地区发展的推动力。同时，庞大的科教人才规模增强了旧金山湾区企业创新创业意愿，表现在湾区科技中小企业极为活跃。在此基础上，为加快湾区自主创新成果转移转化速度，金融领域的创新行为为科教资源向科教资本顺利转化提供了有效的支撑平台，具体表现在理论上建立了由科研人员组成的咨询专家库；在方法上突破了债权式投资和股权式投资的限制；在路径上形成了银行与创投企业、证券公司建立紧密的合作网络；在模式上构建内紧外松的风控模式和退出模式。

3. 东京湾区：以应用科技+忧患意识为特征的市场拉动模型

东京湾区将企业作为科技活动的初始点，企业在从事产品研发过程中形成技术应用需求，同时将这种需求传递到创新链的上游，并依靠官产学研的合作方式解决企业的应用技术需求，这也使湾区发展有以下三个具体表现：一是市场既是科技发展动力的来源，也是需求拉动模式实现的路径；二是企业科技创新的主体地位十分突出，并在政府的支持下引导产学研活动向创新链上游传递；三是企业科技创新由低端向高端逐步演变，是一种自下而上的创新演化方式。同时，东京湾区强烈的"忧患意识"也不断刺激着企业对新市场的挖掘与探索，成为企业倒逼式科技发展的动力源泉。

第三章
科创板有利于促进科技金融的发展

第一节 科创板的设立与发展

2011年，中国的国民生产总值（GDP）超越日本，跃居世界第二位；中国的制造业超越美国，成为世界制造业第一大国。中国的全球500强从1996年的2家增至2018年的120家。但对比中美两国企业可以发现：①2018年，美国大公司中没有房地产、工程建筑和金属冶炼企业，却在IT、生命健康和食品相关等领域存在众多大公司。②从2015年开始，中国企业的销售收益率和净资产收益率两个指标持续下行。四大国有银行利润达到上榜企业的50%。③信息和通信技术等科技创新行业溢出效应最为明显，是其他技术创新的2倍，而中国在这方面明显低于美国。从中国上榜企业的特征能够反映中国经济是以规模的扩张来实现的高速发展，而不是全要素生产率提升来实现的内生增长。中国当前全要素生产率亟待提升，超级公司的行业结构需要转换。

2018年11月5日，国家主席习近平在上海举行的首届中国国际进口博览会开幕式上宣布，将在上海证券交易所设立科创板并试点注册制，2019年1月30日，证监会发布《关于在上海证券交易所设立科创板并试点注册制的实施意见》，指出科创板精准定位于"面向世界科技前沿、面向经济主战场、面向国家重大需求"，服务于符合国家战略、突破关键核心技术、市场认可度高的科技创新企业，重点支持新一代信息技术、高端装备、新材料、新能源、节能环保及生物医药等高新技术产业和战略性新兴产业。同年 3 月 1 日，首次公开发行股票注册管理办法、上市公司持续监管办法及上市审核规则、发行与承销实施办法、股票上市规则、股票交易特别规定等一系列制度规则正式"落地"，至此科创板制度框架确立。7 月 22 日，科创板正式步入"交易时间"，首批 25 家科创企业当天集中上市。

首先，设立科创板并试点注册制，是深化供给侧结构性改革的重要举措。当前中国已进入科技创新驱动经济增长的新时代，要借助科技创新推动产业升级和经济转型，从而实现经济持续增长而科创板可以起到示范作用，引导资金向优质的科创企业集聚。其次，科创板作为金融服务科技的重要抓手，能够提升金融供给的质量和效率，进一步促进金融为科技服务。

第二节　科创板促进科技创新与经济增长

一、科创板对我国科技创新与经济增长的重要性

科创板诞生于中美贸易摩擦的大背景，大国竞争加剧，科技封锁首当其冲，倒逼自主创新提速。中美贸易摩擦的本质是中国经济增长需要依靠科技突围，而美国却加以封锁。中国制造业体量巨大，但长期处于制造业价值链中低水平，部分领域未能实现自主可控，受制于人。美国屡次对华启动 301 调查案，并多次提及中国制造 2025 规划，企图打断中国制造业升级进程。尤其自中美贸易摩擦以来，科技封锁力度日益加剧，美国对缩减贸易逆差的诉求也逐渐转移到对封锁技术制高点的诉求上。

美国于 2018 年 11 月曾计划实施技术出口管制方案，将在人工智能、芯片、量子计算、机器人、脸部识别和声纹技术等 14 类新技术领域实施技术出口管制出台方案，涉及的领域基本为战略性新兴产业，与中国制造业升级的十大重点领域重合度高。十大领域具体包括新一代信息技术、高档数控机床和机器人、航空航天装备、海洋工程装备及高技术船舶、先进轨

道交通装备、节能与新能源汽车、电力装备、新材料、生物医药及高性能医疗器械、农业机械装备。外部紧张的环境倒逼中国加快推进科创板设立，改变以往依靠大基金对科技产业扶持的固有模式，转向依靠多层次资本市场推动模式，引导社会资源集聚从而实现经济转型。

二、科创板是我国科技创新与经济增长的坚实动力

在科技创新背景下，我国已进入科技创新驱动经济增长的新时代。要素生产率亟待提升，超级公司的行业结构需要转换。未来我国经济的持续增长必须借助科技创新，而科创板是引导资金向优质科技创新企业集聚的有效动力。科创板诞生于中美贸易摩擦的大背景下，大国竞争加剧，科技封锁首当其冲，倒逼自主创新提速，科创板将承接中国制造业升级侧重的重点领域；从金融服务实体经济的角度来看，科创板作为金融服务科技的重要抓手，能够提升金融供给的质量和效率，此外，科创板能有效构建风险投资的退出机制，对于改善长期以来以银行为主导的间接融资引致杠杆率攀升等问题具有标杆效应。

自 21 世纪以来，我国的经济发展依靠的是粗放型的增长方式，主要通过持续不断的要素投入，例如，增加投资、扩大厂房、增加劳动投入等方式增加产出，科技发展的贡献率相对较低。尤其在 2009 年 40000 亿计划之后，"基建+地产"的增长模式形成了严重的产能过剩，催生了许多占据要素资源的低效企业，造成中国全要素生产率（Total Factor Productivity，TFP）增速显著下滑。2014 年中国 TFP 仅为美国的 43%。2015～2017 年，美国 TFP 增速呈温和上升势头，但中国 TFP 增速继续下滑，可能已经低于 1%。对比当前中美市场市值前十名的公司和所属行业，在美国前十大市值公司中，有六家公司属于互联网行业，1 家属于医疗行业，而 A 股前十大市值公司主要属于金融行业（7 家），其次为能源（2 家）和消费（1 家），没有 1 家科技公司进入 A 股市值前十，在一定程度上反映我国科技创新对经济增长的贡献相对较低，创新活力相较美国仍有较大差距，如表 3-1 所示。

表 3-1　中美市值前十大公司及行业对比

美股市值前十的公司	所属行业	A 股市值前十的公司	所属行业
微软公司	互联网	中国工商银行	金融
苹果公司	互联网	中国建设银行	金融
亚马逊	互联网	中国平安	金融
谷歌	互联网	中国石油	能源
伯克希尔哈撒韦	金融	中国农业银行	金融
Facebook	互联网	中国银行	金融
阿里巴巴	互联网	贵州茅台	消费
壳牌石油	能源	招商银行	金融
强生公司	医疗	中国人寿	金融
埃克森美孚	能源	中国石化	能源

资料来源：公开资料整理。

　　中国已进入科技创新驱动经济增长的新时代。未来我国经济的持续增长必须借助科技创新，由粗放向集约转型，而科创板可以引导资金向优质的科创企业集聚。粗放型的增长方式，其弊端在于投入高、消耗大、效益低。未来中国人口红利逐渐消失，整个世界经济又正处于旧技术周期的末尾，新技术周期的开端，原先的科学技术成果已经无法满足经济进一步实现巨大飞跃的要求。因此，未来中国经济想要实现持续健康增长，就必须借助科技创新，以科学技术发展推动全要素生产率提升。然而，目前的科学技术前沿，例如，人工智能、大数据、云计算等领域，无论是基础理论的研发还是实体经济的应用均需要持续的巨额投入。这就要求中国企业进一步加大技术研发力度，而科创板的推出正好可以发挥出示范效应，为优质的科创企业提供资金，建立声誉，使真正具备发展潜力的科创企业能够得到充分的资金支持。

三、发展好科创板对科技成果转化具有积极意义

科创板的设立是制度的一次重要革新。当前，中国经济已经达到新旧动能转换的关键时刻，以传统银行信贷为核心的服务传统工业、地产、基建的融资体系已不完全适应中国经济转型发展的需求，科技创新、产业升级等新兴经济的发展迫切需要既有新的融资模式与之匹配，又需要形成有效的创新驱动机制将金融资本转化为技术资本。因此，科创板的设立符合中国经济转型的新要求。

资本市场需要提升对实体经济的包容性。科创板的设立有利于完善多层次资本市场。当前，我国新增融资中仅有约 1/4 为直接融资，并且现有的资本市场对于部分尚未盈利的、具有核心技术、行业领先、有良好发展前景和口碑的企业尚不能更好地服务。尽管科创板在初期由于其制度设置可能规模相对 A 股市场有限，但增量上的改革，也能驱动存量改革，给符合条件的企业更多的选择，同时也能够提升市场活跃度，对加快科技创新有重要的意义。

从宏观经济背景来看，中国经济已经从高速增长阶段转向高质量发展阶段。这一阶段的迫切要求，就是加快新旧动能转换，深化结构调整，增强科技创新在经济发展中的作用，增强企业家在创新中的引领作用。金融业要加大对经济高质量发展的支持，就是要增强与高质量发展要求的适配性，通过金融资源的合理高效配置，推动经济高质量发展。

科创板本质意义就是推进金融供给侧结构性改革、促进科技与资本深度融合、引领经济发展向创新驱动转型。通过改革来增强资本市场对科创企业的包容性，允许未盈利企业、同股不同权企业、红筹企业发行上市，进一步畅通科技、资本和实体经济的循环机制，加速科技成果向现实生产力转化。服务实体经济发展是资本市场的天然使命，但在不同发展阶段，这一使命的具体内涵也在不断变化。当下，通过科创板架起金融资本与科创要素的桥梁，无疑是最能够体现金融对实体经济支持、对高质量发展支持的途径之一，对完善资本市场基础性制度建设、深化金融改革开放、推动科技创新都具有重大意义。

第三节　科创板促进科技金融的发展

一、科创板有望带动 A 股科技企业估值提升

首批科创企业上市推动市场重新审视相关业务领域，有关业务涉及较高科技含量以及创新水平，业务前景广阔，适应未来发展，使 A 股相同业务企业的成长性得到重估，市场长期看好相关业务使 A 股相关科技创新企业估值或将提升。经过梳理，与科创板拟上市企业具有相同业务企业的股价大部分呈上涨趋势，最高涨幅为 55.75%，最低涨幅为 8%，平均涨幅在 20% 以上。受益于科创板上市，有关业务受到市场更多关注，A 股相关企业整体表现良好，具有先于科创板的投资机会。

可以看出，科创板对成长科技创新企业均有估值提振效应。在当下的 A 股上市公司中，成长科创类公司的估值普遍高于同类板块的平均水平。从成长型科技创新类企业所处行业来看，截至 3 月 22 日，大数据概念的市盈率（Price Earnings Ratio，简称 P/E 或 PER）为 176 倍，云计算为 169 倍，远高于 A 股同类行业的估值。由于科创板的上市企业主要为小市值的高新技术企业，增长空间巨大，但盈利能力暂时尚未体现，参考 A 股成长科创企业的估值水平，并考虑国家战略及制度设计等因素，预计首批科创企业的估值水平可能会更高。科创上市企业的高估值对创业板以及 A 股高科技公司来说会有一个估值的双向提升，低估值向高估值收敛，从而提升 A 股同行业公司的估值。此外，创业板指是当前市场最具成长属性的指数，预计科创板推出初期，在风格效应下，创业板指或将受益。

二、以科创板为抓手推动金融更好地服务科技行业

科创板作为金融服务科技的重要抓手，能够高效提升金融供给和作

用。对于完善金融服务、防范金融风险，我国政府提出构建风险投资、银行信贷、债券市场、股票市场的全方位的服务体系，风险投资被放在了至关重要的位置，意味着对于实体经济尤其是小微企业的支持力度而言，风险投资具备天生的优势，而科创板则能有效对接风险投资，起到良性循环的作用。科创板设立立足于金融服务实体经济的需求，优化调整金融体系结构，提升金融供给的质量和效率。一方面，改善融资结构，长期以来以银行为主导的间接融资具有顺周期性和高杠杆率的问题。2018 年，我国直接融资的比例仅 16%，与美英日等国家还有很大差距，而科创板的设立有望进一步撬动直接融资的作用，并为科创企业提供新的融资渠道，有利于为经济发展增添活力。另一方面，高科技企业理应得到更高的估值，现行的 A 股 IPO 标准将企业的盈利水平、净资产规模作为重要的评判依据，但在一定程度上弱化了企业在营收及估值上的未来成长性，因此，新兴经济及科技创新型企业由于自身特点，无法得到价值确认。科创板的设立为科技创新提供了更高质量、更有效率的金融服务，有利于推动经济更好地发展。

2018 年 3 月 22 日，上交所披露了 9 家科创板受理企业，分别为晶晨半导体、睿创微纳、天奈科技、江苏北人、利元亨、宁波容百、和舰芯片、安瀚科技、武汉科前生物。从所属产业、行业来看，首批受理的 9 家企业均为上交所重点推荐领域的科技创新企业。首批上市的 25 家公司，拟融资金额共计 310.89 亿元，占 2018 年全年 A 股 IPO 募资总额的 23%。在科创板，公司的科技含量备受重视。从研发投入占比来看，25 家公司中有 1 家 2018 年研发投入占营业收入比重超过 30%，3 家研发投入占比在 20%~30%，7 家在 10%~20%，还有 14 家在 0~10%。

截至 2019 年 5 月 13 日，108 家科创板申报企业悉数亮相。其中，86 家处于已问询状态，1 家已处于终止状态。而据统计，108 家企业合计拟募集资金 1042 亿元，平均每家募集资金近 10 亿元。从具体行业来看，计算机、通信和其他电子设备制造业凭借 24 家的申报数量，以 285.3 亿元的募集总金额稳居榜首。有五个行业的拟募资规模超过了百亿元。而从行业平均募资规模来看，互联网和相关服务，电气机械及器材制造业与计算机、通信和其他电子设备制造业等行业的企业平均募资规模超过了 10 亿元。科创板申报企业募资规模在 10 亿元以下的企业达到了 80 家，占比达到了 74.07%。其中，募资规模在 5 亿元及以下的企业有 32 家，占比为 29.63%；募资规模在 5 亿~10 亿元（包括 10 亿元）的企业有 48 家，占比达到了 44.44%，也是募资规模最集中的区域。

第四章
珠三角城市群科技金融发展环境
——基于大湾区的视角

珠三角城市群①以广州、深圳、中国香港为核心，包括珠海、惠州、东莞、肇庆、佛山、中山、江门、澳门等城市所形成的城市群，是我国三大城市群中经济最有活力、城市化率最高的地区。

在国家政策层面，珠三角城市群一直是国家发展战略的重点。2009年10月，粤港澳三地政府有关部门在澳门联合发布了《大珠江三角洲城镇群协调发展规划研究》，提出构建珠江口湾区。2010年，深圳、东莞、广州、珠海、中山、中国香港、中国澳门多地共同完成并发布了《环珠江口宜居湾区建设重点行动计划》。2016年3月，在国家发布的"十三五"规划（2016~2020年）中进一步确认在中国南方建立一个城市群的构想。2017年7月，国家发展和改革委员会与广东、中国香港和中国澳门政府签署了《深化粤港澳合作　推进大湾区建设框架协议》。2019年2月18日，中共中央、国务院发布了《粤港澳大湾区发展规划纲要》，这是指导粤港澳大湾区（本书简称大湾区）发展的纲领性文件。

大湾区由中国香港、中国澳门两个特别行政区和广东省广州、深圳、珠海、佛山、惠州、东莞、中山、江门、肇庆（珠三角九市）组成，总面积5.6万平方千米，是中国开放程度最高、经济活力最强的区域之一，在国家发展大局中具有重要战略地位。大湾区建设旨在推进"9+2"城市的深度合作，通过改革创新、融合发展，打造世界一流的城市群。

---

① 随着《深化粤港澳合作　推进大湾区建设框架协议》的推进，本书"珠三角城市群"中的很多城市在2017年之后被纳入粤港澳大湾区。因为大湾区具有非常典型的研究价值，所以本书很多章节会从大湾区的视角来分析珠三角城市群的发展现状。

第一节 大湾区科技金融政策环境

科技和金融合作是粤港澳大湾区建设的重头戏。在科技方面,《粤港澳大湾区发展规划纲要》提出了建设国际科技创新中心的目标,明确了构建创新共同体、打造科技创新载体和平台、优化创新环境三大政策;在金融方面,《粤港澳大湾区发展规划纲要》明确了建设国际金融枢纽、发展特色金融产业、推进金融市场互联互通三大任务,勾画了粤港澳大湾区宏伟蓝图。尽管粤港澳大湾区发展方向已明确,但在实践中仍有一个探索过程,必然涉及对原有制度和规定的突破。

一、国家科技金融相关政策导向

自 2006 年开始,国家逐步加大对科技金融的重视力度,加快实施创新驱动发展战略,推进大众创业、万众创新,促进科技和金融紧密结合,相继出台相关政策支持科技金融发展。2015 年 12 月,科技部、中国人民银行、中国银监会、中国证监会、中国保监会联合开展"第二批促进科技和金融结合试点"工作,通过改革创新,充分发挥金融资源在支持科技创新创业中的积极作用。通过深化科技和金融结合试点,深刻把握科技创新和金融创新的客观规律,找到符合中国国情、适合科技创业企业发展的金融模式,为双创建立可持续、多层次的投融资体制(见表 4-1)。

表 4-1 国家科技金融产业相关政策

序号	时间	发布机构	政策名称	相关内容
1	2015 年 12 月	中国科学技术部	《关于组织申报第二批促进科技和金融结合试点的通知》	通过深化科技和金融结合试点,深刻把握科技创新和金融创新的客观规律,找到符合中国国情、适合科技创业企业发展的金融模式,为双创建立可持续、多层次的投融资体制

续表

序号	时间	发布机构	政策名称	相关内容
2	2014年1月	中国人民银行、科技部、银监会、证监会、保监会、知识产权局	《关于大力推进体制机制创新扎实做好科技金融服务的意见》	大力培育和发展服务科技创新的金融组织体系，创新从事科技金融服务的金融组织形式，创新科技金融服务模式，进一步深化科技和金融结合试点
3	2012年6月	中国科技部	《关于进一步鼓励和引导民间资本进入科技创新领域的意见》	促进科技和金融结合，进一步拓宽民间资本进入科技创新领域的渠道，支持民间资本通过发行债券产品和设立科技金融专营机构等方式开展科技投融资活动
4	2011年11月	中国科技部、财政部、中国人民银行等	《关于促进科技和金融结合加快实施自主创新战略的若干意见》	优化科技资源配置，建立科技和金融结合协调机制，引导银行业金融机构加大对科技型中小企业的信贷支持，积极推动科技保险发展，强化有利于促进科技和金融结合的保障措施
5	2010年12月	中国科技部、中国人民银行、中国银监会、中国证监会、中国保监会	《促进科技和金融结合试点实施方案》	引导银行业金融机构加大对科技型中小企业的信贷支持，进一步加强和完善科技保险服务，建设科技金融合作平台，培育中介机构发展。组织开展多种科技金融专项活动
6	2006年12月	中国银行业监督管理委员会	《关于商业银行改善和加强对高新技术企业金融服务的指导意见》	商业银行要确立金融服务科技的意识，应当遵循自主经营、自负盈亏、自担风险和市场运作的原则，促进自主创新能力提高和科技产业发展，实现对高新技术企业金融服务的商业性可持续发展

二、大湾区科技金融的政策基础

2019年2月18日，中共中央、国务院印发了《粤港澳大湾区发展规划纲要》，指出要大力发展特色金融产业。主要有两点：一是支持深圳建设保险创新发展试验区，推进深港金融市场互联互通和深澳特色金融合作，建立科技金融试点，加强金融科技载体建设；二是大力拓展直接融资渠道，依托区域性股权交易市场，建设科技创新金融支持平台，支持中国香港私募基金参与大湾区创新型科技企业融资，允许符合条件的创新型科技企业进入中国香港上市集资平台，将中国香港发展成为大湾区高新技术产业融资中心。《粤港澳大湾区发展规划纲要》政策的出台，为科技金融的发展奠定了坚实的基础，科技金融发展前景广阔。

三、大湾区科技金融相关政策分析

推进大湾区建设是习近平总书记亲自谋划、亲自部署、亲自推动的重大国家战略。习总书记强调，要把大湾区建设作为广东改革开放的大机遇，抓紧抓实办好，为大湾区发展凝心聚力指明了前进方向。创新是引领发展的第一动力，大力推进大湾区建设，很重要的一点就是要加快建立科技创新体系，以湾区国际科技创新为中心建设、引领、推进大湾区发展。

大湾区具有"两种制度、三个关税区、三个法律体系"的现状，要求按照湾区经济和城市群的发展规律，加强九市和港澳在规划、政策、人才、资本、产业等创新要素方面的对接，推动制度环境、市场建设、社会治理等方面融合发展。全面清理不适应大湾区发展的地方法规和政策，破除创新要素流动的体制机制障碍，推动九市创新创业政策在区域内的普适化，形成有利于资金、人才、成果等各类创新要素自由流动的政策法规体系，促进人流、物流、资金流、信息流、技术流等要素流动更趋频繁，营造具有国际竞争力的创新生态环境。要深化跨境合作，通过多种政策和制度的制定与完善，不断引导创新主体信息交流、知识共享。积极促进九市及港澳的高校和研发机构在学科建设、人才培养、联合攻关、技术服务、成果转化等方面形成制度化的科技合作机制。

1. 科技政策及创新

在大湾区城市群中，中国香港科技创新资源丰富，拥有八大著名高校，科研实力雄厚，国际化创新人才众多，科技服务业高度发达；广州高层次人才和高端创新载体丰富，拥有数十名两院院士和一批国家级重点实验室、工程技术研究中心和企业技术中心。应充分利用香港、广州丰富的教育、科研资源及深圳与国内外知名高校合作办学的契机，积极引入国家科学中心、重点实验室、重大科学工程和科技基础设施落户大湾区，强化基础研究创新载体平台建设，组织或参与大科学研究项目，努力突破关键核心技术，破解受制于人的"卡脖子"难题。各级政府聚焦于粤港澳大湾区优势支柱及战略性新兴产业领域，致力于建设一批具有开放性、集聚性和前瞻性的高水平技术创新中心，培育成为国家级技术创新中心，强化工程技术研究中心建设；深度整合大湾区的企业、高校、科研机构等创新资源，吸引全球创新主体参与，根据产业技术需求，引导大学、院所的科研团队设立研究实体，遴选覆盖全产业链条的若干企业，结为"创新共同体"，将产业共性问题和企业重大需求作为研究课题，使高校、科研机构的科研活动融入本地创新体系，改变以往校企合作点对点的单一模式，实现应用型科研成果的批量创造。

2. 金融政策及创新

大湾区拥有广州、深圳和香港三大金融重镇及港交所和深交所两大证券交易所，汇聚全球众多的银行、保险、证券、风投基金等跨国金融巨头，打造金融核心圈优势明显。未来的大湾区金融服务方向应向科技企业倾斜，构建"科技+金融"生态圈，为湾区科创企业提供金融支持，打造大湾区"创新高地"。要从产业链、创新链、资金链的各个环节进行统筹规划，设计规划发展路径，打造具有大湾区特色的科技创新金融支持体系，综合运用多种金融手段，为科技创新提供更加灵活的服务方式，实现资金链对创新链的支撑保障，推进产业链、创新链、资金链协同发展。

努力推进大湾区科技服务创新。科技服务是大湾区创新体系建设的重要组成部分，是各类科技创新主体的黏接剂和创新活动的催化剂。要从技术支撑、创业支持、优势引领、业态培育、市场拓展等方面，有效推动科技服务业向专业化、网络化、规模化、国际化方向发展，为科技创新活动提供全方位、立体式专业科技服务和综合科技服务。要围绕创新集群完善科技服务产业链条，发挥科技服务业专项资金的引导和放大作用，提升关键环节的服务能力，培育一批知名科技服务机构和知名品牌。加快培育和发展研发设计、创业孵化、知识产权、技术交易、科技咨询等特色科技服务，引导和推动科技服务业跨界融合、产业内多业态融合，依托新一代信息技术建立跨区域、综合性、网络化的科技服务集成平台。加快发展高端创业孵化平台，提供集创业孵化、资本对接、营销服务等为一体的创新创业服务，为科技创新提供有力支撑。

第二节　大湾区城市经济指标

一、广州市经济发展及特色

广州是广东省省会，是省政治、经济、科技、教育和文化中心，地处中国大陆南方，广东省东南部，珠江三角洲北缘，濒邻南海，毗邻中国香港和中国澳门，是华南地区区域性中心城市、交通通信枢纽，是中国的"南大门"。广州市辖十一区，总面积 7434.4 平方千米，共设 136 个街道办事处、34 个镇，2018 年末常住人口 1490.44 万。

广州市统计局公布的经济数据显示，2018 年，广州市实现地区生产总值 22859.35 亿元，按可比价格计算，比 2017 增长 6.2%。其中，第一产业增加值 223.44 亿元，第二产业增加值 6234.07 亿元，第三产业增加值 16401.84 亿元，同比分别增长 2.5%、5.4%和 6.6%。

广州有汽车制造业、电子产品制造业、石油化工制造业三大支柱产业。其中，2018 年汽车制造业增长 6.1%；电子产品制造业逐渐回暖，累计增速在第三季度后逐月提升，全年增长 2.8%；石油化工制造业下降 0.2%。在先进制造业中，电气机械、医药制造业产值分别增长 9.2%和 8.1%。

广州市出台了系列产业扶持政策，加快发展新一代信息技术、人工智能、生物医药和新能源、新材料产业，重点培育六个新支柱产业集群，2018 年获批国家智能网联汽车与智慧交通应用示范区，建设国家绿色金融改革创新试验区，获批国家服务型制造示范城市。

在推进大湾区建设方面，广州市充分发挥大湾区核心引擎作用，建立健全工作架构，完善穗港、穗澳对接合作机制，探索建立区域政务服务机制，携手港澳建设国际一流湾区和世界级城市群。建设广深港澳科技创新走廊，加快推进"创新四核十三节点"建设，抓紧建设中国香港科技大学（广州）校区，打造大湾区知识城知识创造示范区、科学城制度创新先行区、生物岛生命科学合作区、黄埔港现代服务创新区，与中国教育科学研究院共建大湾区教育研究中心，建设大湾区青年创新创业基地，打造粤港澳科技成果转化基地。推进深茂铁路、南沙港铁路、广中珠澳高铁等项目，推动广深港高铁引入中心城区，加快建设深中通道、南中特大桥、莲花山过江通道等重大项目，推动广州地铁线网向佛山等周边城市延伸。加快建设粤港产业深度合作园、粤澳合作葡语系国家产业园等重大合作平台，积极打造穗港澳国际健康产业城、南站商务区、临空经济示范区、庆盛枢纽、琶洲数字经济创新试验区等特色发展平台。推进共建湾区科技金融服务中心、文化中心、国际贸易中心、大数据中心，推进设立广州创新型期货交易所、粤港澳大湾区商业银行，建设国际金融岛。

二、深圳市经济发展及特色

深圳地处珠江三角洲前沿，是连接中国香港和中国内地的纽带和桥梁，在中国的制度创新、扩大开放等方面肩负着试验和示范的重要使命，在中国高新技术产业、金融服务、外贸出口、海洋运输、创意文化等多方面占有重要地位。

根据深圳市统计局公布的经济数据，2018 年，深圳市全年实现地区生产总值 24221.98 亿元，比 2017 年增长 7.6%。其中，第一产业增加值22.09 亿元，增长 3.9%；第二产业增加值 9961.95 亿元，增长 9.3%；第三产业增加值 14237.94 亿元，增长 6.4%。第一产业增加值占全市地区生产总值的比重为 0.1%，第二产业增加值比重为 41.1%，第三产业增加值比重为 58.8%。在现代产业中，现代服务业增加值 10090.59 亿元，增长了

7.1%；先进制造业增加值 6564.83 亿元，增长了 12.0%；高技术制造业增加值 6131.20 亿元，增长了 13.3%。

深圳市有金融业、物流业、文化相关产业和高新技术产业四大支柱产业。深圳市统计局统计数据显示，2018 年，金融业增加值 3067.21 亿元，比 2017 年增长 3.6%；物流业增加值 2541.58 亿元，增长 9.4%；文化及相关产业（规模以上）增加值 1560.52 亿元，增长 6.3%；高新技术产业增加值 8296.63 亿元，增长 12.7%。

深圳七大战略性新兴产业包括新一代信息技术产业、数字经济产业、高端装备制造产业、绿色低碳产业、海洋经济产业、新材料产业、生物医药产业。2018 年，全年战略性新兴产业增加值合计 9155.18 亿元，比 2017 年增长 9.1%，占地区生产总值比重的 37.8%。其中，新一代信息技术产业增加值 4772.02 亿元，增长 10.9%；数字经济产业增加值 1240.73 亿元，增长 3.8%；高端装备制造产业增加值 1065.82 亿元，增长 10.7%；绿色低碳产业增加值 990.73 亿元，增长 11.7%；海洋经济产业增加值 421.69 亿元，下降 11.3%；新材料产业增加值 365.61 亿元，增长 8.6%；生物医药产业增加值 298.58 亿元，增长 22.3%。

2018 年，深圳市大力落实大湾区发展战略。制定贯彻落实《粤港澳大湾区发展规划纲要》的实施意见和三年行动方案，着力深化深港澳合作，支持港澳融入国家发展大局，推动形成全面开放新格局。一是完成前海城市新中心规划优化，实施城市新中心建设三年行动计划，突出产城融合、减量提质、山海统筹、宜居优先，推进功能与环境"双提升"工程，开工妈湾跨海通道等重大项目。二是深港澳合作更加紧密。深港澳常态化联络机制不断完善，港澳人士特别是青年在深圳工作生活更加便利。河套深港科技创新合作区规划建设加快，西九龙站口岸"一地两检"顺利实施。深港国际中心动工建设；深澳创意周等系列文化交流活动成功举办，深澳中医药创新研究院等项目稳步推进，深港澳深度合作迈上新台阶。三是开放型经济水平持续提升，2018 年新设外商投资企业增长近 1.2 倍，实际利用外资 82 亿美元、增长 11%，对外直接投资增长 118%。

三、中国香港经济发展及特色

中国香港与纽约、伦敦并称为"纽伦港",是全球第三大金融中心,是重要的国际金融、贸易、航运中心和国际创新科技中心,也是全球最自由经济体和最具竞争力城市之一。中国香港包括中国香港岛、九龙、新界和周围 262 个岛屿,陆地总面积 1106.34 平方千米,海域面积 1648.69 平方千米,截至 2018 年末,总人口约 748.25 万,是世界上人口密度最高的地区之一。中国香港把握着内地经济带来的机遇,同时为海外投资者提供进入内地的门户,也是内地企业走出国际的平台。作为一个细小开放型经济体,中国香港拥有多方面优势——企业的公平竞争环境、简单税制及低税率、资金资讯自由流通、高效市场、国际级基建优良的法治传统等,是中国香港经济赖以成功的重要基石。同时,"一国两制"下的独特地位继续为中国香港经济缔造巨大的发展潜力。

中国香港作为区内主要的国际金融中心、贸易中心和航运中心,将金融服务、旅游、贸易及物流、工商专业服务列为四大支柱产业,并在各个领域培育了大量金融、法律、会计、建筑及测量、运输物流等行业人才。在人才培训方面,中国香港现在有五所全球排行 100 名以内的大学,包括香港大学(第 26 位)、中国香港科技大学(第 30 位)、香港中文大学(第 46 位)、香港城市大学(第 49 位)及香港理工大学(第 95 位)。

2018 年,首先是制造业对中国香港经济的增加值贡献只占本地生产总值的 1%,而建造业及水电燃气供应所占比重则分别为 5% 和 1%;服务业是中国香港经济的支柱,服务业对中国香港本地生产总值的贡献为 92.4%。2018 年,金融及保险、地产、专业及商用服务业所占比重依然最大,占本地生产总值的 29%。其次是进出口贸易、批发及零售、住宿及膳食服务业占 25%;公共行政、社会及个人服务业占 18%;运输、仓库、邮政及速递服务、信息及通信业占 10%。内地进一步开放市场和深化改革为中国香港多个服务行业带来庞大商机。中国香港与内地地缘接近且文化共通,市场制度稳健,凭借其在服务业方面的竞争优势,不断朝着高增值方向发展。

　　值得注意的是，虽然制造业对中国香港经济增加值的直接贡献不大，但面对环球和地区不断转变的经济环境，中国香港一直灵活变通，通过加强与内地及其他毗邻经济体的供应链安排，有效提高中国香港的生产能力。中国香港制造业与内地经济的紧密联系，亦是促进中国香港服务业尤其带动贸易、金融和其他支援服务迅速发展。

　　中国香港的经济结构日益趋向以服务业为主，这情况亦从各行业就业人数分布的转变可见一斑。过去20年间，服务业在总就业人数中所占比重由1997年的80%增至2007年的87%，2017年增至88%。按个别服务业分析，首先是进出口贸易、批发及零售、住宿及膳食服务业占2017年总就业人数的30%；其次是公共行政、社会及个人服务业占27%；金融及保险、地产、专业及商用服务业占20%。近年来，随着"沪港通""深港通""债券通"等先行先试政策的不断推出，两地资本市场互联互通渠道逐步增多，机制不断完善。当前，以参与"一带一路"建设、粤港澳大湾区建设等国家重大战略为引领，中国香港正在更好地融入国家发展大局。

四、中国澳门经济发展及特色

　　中国澳门位于中国大陆东南沿海，地处珠江三角洲的西岸，毗邻广东省，与中国香港相距60千米，距离广州145千米，包括澳门半岛、凼仔岛和路环岛；2018年末总人口为667400人，是世界人口密度最高的地区之一，也是世界四大赌城之一。中国澳门经济规模不大，但外向度高，具有自由港及独立关税区地位，是亚太区内极具经济活力的一员，也是连接内地和国际市场的重要窗口和桥梁。

　　中国澳门经济四大支柱产业是出口加工业、旅游博彩业、建筑地产业和金融保险业。中国澳门统计暨普查局数据显示，2018年中国澳门生产总值为4403亿澳门元，澳门特区生产总值以第二和第三产业构成，并以第三产业为主，其中，博彩及博彩中介约占整个生产总值的一半，博彩业及博彩中介是澳门重要的经济支柱之一。截至2018年底，澳门共有41间幸运博彩娱乐场营运，博彩业雇员共57246名。2018年澳门博彩毛收入3028.46亿澳门元，较2017年的2657.43亿澳门元增加14%，保持全球最大博彩市场的地位。

《澳门产业中长期发展规划》中提出，澳门产业中长期发展的总体目标是塑造经济发展新形象、增强经济发展新动能、增加就业创业新选择，并据此将澳门产业多元发展分为三个阶段：稳中有进阶段（2019~2021年）。稳定旅游业和博彩业发展，促进非博彩元素和非博彩业发展壮大，新兴产业占 GDP 比重逐步上升。加快转型阶段（2022~2025 年）。旅游休闲产业稳中有进，新兴产业增加值占 GDP 比重达到15%。均衡发展阶段（2026~2030 年）。产业结构进一步优化，呈现均衡、多元的结构和稳健发展的态势，新兴产业增加值占 GDP 比重达到20%。加快推进澳门产业适度多元化进程。

为实现澳门产业适度多元发展目标，澳门特区政府进一步完善了产业政策体系，为澳门中长期产业发展提供有力的政策支撑与保障。加强了澳门与内地旅游、会展和金融等领域的合作，积极参加大湾区建设，加大专业人才培养力度，加强科技创新政策支持力度，发挥政策性产业为未来发展奠定了扎实的经济基础。

五、其他城市经济发展及特色

大湾区是以中国香港、中国澳门、广州、深圳四大中心城市作为区域发展的核心引擎，增强对周边区域发展的辐射带动作用。支持珠海市、佛山市、惠州市、东莞市、中山市、江门市、肇庆市等城市充分发挥自身优势，深化改革创新，增强城市综合实力，形成特色鲜明、功能互补、具有竞争力的重要节点城市。增强发展的协调性，强化与中心城市的互动合作，带动周边特色城镇发展，共同提升城市群发展质量。

1. 珠海市

珠海市位于广东省中南部，地处珠江口与南海交汇处，北接中山，南与澳门水陆相连，面积 1736 平方千米，人口 189.1 万。珠海于 1980 年成立经济特区，经济稳定快速发展，特别是工业产出发展迅速，建立了电子信息、家电电器、电力能源、生物制药和医疗器械、石油化工、精密机械六大基础产业，及打印耗材和游艇制造两大特色产业。根据珠海市国民经

济和社会发展统计公报提供的数字，2018 年，珠海市国民生产总值
（GDP）为 2915 亿元，第一产业占 GDP 1.7%，第二产业占 GDP 49.2%，
第三产业占 GDP 49.1%。珠海交通便利，形成海陆空立体交通网络，珠海
港是中国沿海主要枢纽港和广东省五个主要港口之一。

2. 佛山市

佛山市位于广东中南部，地处珠江三角洲腹地，东倚广州，毗邻港澳，
与中国香港、中国澳门相距车程均在两小时左右。面积 3798 平方公里，人口
790.6 万。2018 年佛山市国民生产总值（GDP）为 9936 亿元，其中，第一产
业占 GDP 1.5%，第二产业占 GDP 56.5%，第三产业占 GDP 42.0%。佛山
以制造业为主，主要包括机械装备、家用电器、陶瓷建材、金属材料加工
及制品、纺织服装、电子信息、食品饮料、精细化工及医药、家居用品制
造等优势行业及光电、环保、新材料、新医药、新能源汽车等新兴产业。佛
山已建成两个超大型科创产业载体，分别为丰树国际创智园和三山科创中
心，吸引了科创龙头民企建设总部和基地，科创产业已形成规模集聚效应。

3. 惠州市

惠州市位于广东东南部，素有"粤东门户"之称。面积 11347 平方千
米，是粤港澳大湾区内地城市中面积第二大的城市，人口 483 万。2018
年，惠州市国民生产总值（GDP）4103 亿元，其中，第一产业占 GDP
4.3%，第二产业占 GDP 52.7%，第三产业占 GDP 43%。惠州拥有丰富的
土地资源和旅游资源，环境优美。惠州产业特色鲜明，以电子信息、石油
化工为支柱，汽车与装备制造、清洁能源等产业共同发展现代产业体系。
大亚湾石化区形成 2200 万吨/年炼油、220 万吨/年乙烯的规模，炼化一体
化规模跃居全国第一，连续五年入选中国化工园区 20 强。仲恺高新区是中
国首批国家级电子信息产业基地，形成了较完整的移动通信、平板显示、
汽车电子、LED 和新能源电池五条产业链。惠州亦是国家女鞋生产基地和
男装名城及广东省重要的清洁能源生产基地。

4. 东莞市

东莞市位于广东省中南部、珠江口东岸，地处大湾区的中心地带、素
有广深科技创新走廊中部之称。东莞面积 2460 平方千米，人口 839.22 万。
2018 年，东莞市国民生产总值（GDP）8279 亿元，其中，第一产业占

GDP 0.3%，第二产业占 GDP 48.6%，第三产业占 GDP 51.1%。目前东莞形成了电子信息、电气机械及设备、纺织服装鞋帽、食品饮料、造纸及纸制品等支柱产业，培育出 LED 光电、新型平板显示、太阳能光伏等新兴产业集群。东莞有多个青年创新创业基地，为粤港澳青年提供各式各样的支援，推动青年创新创业。其中，松山湖港澳青年创新创业基地向港澳青年提供优质的创业支援和孵化服务，是 2019 年 5 月粤港两地在广州联合授牌的首批 10 个大湾区青年"双创"基地之一。

5. 中山市

中山市位于珠江三角洲中南部，北连广州，毗邻港澳，是珠江口西岸重要的交通节点。面积 1784 平方千米，人口 331 万。2018 年，中山市国民生产总值 3633 亿元，其中，第一产业占 GDP 的 1.7%，第二产业占 GDP 的 49%，第三产业占 GDP 的 49.3%。中山市是先进制造业城市和现代服务业基地，是广东省产业集群升级创新试点城市。中山市产业集群既涵盖装备制造、家电、纺织服装、电子、灯饰、健康医药、家具、小家电及五金制品等优势产业，又具备现代服务业及游艇产业等新兴产业。临港装备制造业基地既有中国船舶集团有限公司、中国铁路工程集团有限公司、中国海洋石油集团有限公司、中机建（上海）钢结构股份有限公司等大批带动能力强的大型中央企业项目，又有珠江口西岸唯一的保税物流中心，港口货物吞吐量 11965 万吨。中山市有多个青年创新创业基地，为粤港澳青年提供各式各样的支援，推动青年创新创业。中山市易创空间创业孵化基地于 2016 年成立，位于中山美居产业园内，主要企业领域为电子商务、文化创意、现代服务、科技研发。基地以推动中山市创业带动就业发展为目标，具备创业学院、远程会议中心、多功能路演厅、咖啡厅、创业项目展示厅、创业导师联盟等，为在中山创新创业的青年提供政策、人才培训、风险投资等资源和服务。粤港澳台青年创新创业基地于 2017 年成立，为中国大陆、中国台湾地区、中国香港地区和中国澳门地区青年创新创业提供合作平台，提供一站式支援服务，主要企业领域为生物医疗器械。

6. 江门市

江门市位于珠江三角洲西翼，东邻中山、珠海，西连阳江，北接广州、佛山、肇庆、云浮，南濒南海，毗邻港澳。面积 9507 平方千米，人口

459.82 万。2018 年,江门市国民生产总值(GDP)2900 亿元,其中,第一产业占 GDP 7%,第二产业占 GDP 48.5%,第三产业占 GDP 44.5%。江门是珠三角和港澳地区重要的农副产品供应基地,是广东省第一个粤台农业合作试验区,战略性新兴产业蓬勃发展,新能源、新光源、新材料、高端装备制造业、绿色家电迅速兴起。同时也拥有以摩托车和汽车零部件、纺织服装、造纸、造船、食品、包装材料、五金卫浴、印刷、机电等为支柱、较为完整的工业体系。江门市人民政府于 2019 年 6 月 5 日印发《江门市关于加强港澳青年创新创业基地建设实施方案》的通知,加快港澳青年创新创业基地建设,优化港澳青年到江门市就业创业环境,进一步支持和鼓励他们到江门市就业创业。措施包括全面落实取消港澳居民就业证,允许港澳居民凭有效身份证件在江门市享受就业备案、缴纳社会保险、开办企业等一系列服务。

7. 肇庆市

肇庆市位于广东省中西部、西江中下游,东及东南与佛山市、江门市接壤,西南与云浮相连,西及西北与梧州市、贺州市等市交界,北及东北与清远市毗邻,面积 14891 平方千米,人口 415.17 万,是粤港澳大湾区内地城市中面积最大的城市。2018 年,肇庆市国民生产总值(GDP)2202 亿元,其中,第一产业占 GDP 15.8%,第二产业占 GDP 35.2%,第三产业占 GDP 49%。肇庆市境内山峦秀丽,名胜古迹众多。星湖风景名胜区是第一批国家重点风景名胜区;省级风景名胜区有封开龙山风景名胜区、怀集燕岩风景区。鼎湖山为"广东四大名山"之一,有"北回归线上的绿洲"之称,是中国第一个自然保护区,被联合国教科文组织列入国际生物圈保护区。广宁县青年就业创业基地于 2017 年成立,其中的创业街为有志创业的在校大学生和在职青年提供免铺租的创业平台;目前创业街已有 20 名青年设摊档售卖各式各样的手工创意产品、自制美食等。肇庆市有丰富的金矿和其他非金属矿产资源,例如,水泥用灰岩、熔剂用灰岩、石膏、饰面用花岗岩、建筑用花岗岩、瓷土、砚石、矿泉水、地热水等。砚石是肇庆市特有工艺观赏石矿产,"端砚"位居中国四大名砚之首,2004 年肇庆市获"中国砚都"称号。肇庆市着力发展新能源汽车、先进装备制造、节能环保、高端新型电子信息、生物医药等主导产业。积极培育新能源汽车、先进装备制造、节能环保三个产业集群。

第三节　大湾区城市金融指标

金融是现代经济的核心，是现代产业体系的重要组成部分。随着我国经济社会的快速发展，金融有效配置资源、促进产业结构升级的功能日益显现，金融中心建设已成为国家参与经济全球化、掌握定价主动权的重要战略。以国际金融中心建设为主体，完善区域金融中心建设布局，加快推进金融市场和产品创新，培育一批具有国际影响力的金融机构，是当前我国金融业发展的战略选择。

一、广州市金融发展及特点

2008 年 12 月，《珠江三角洲地区发展规划纲要（2008～2020 年）》明确提出，广州建设区域金融中心，从国家层面赋予广州金融改革创新先行先试、携领区域金融发展、更广泛地参与国际金融合作与竞争的重大历史使命，广州金融业迎来了前所未有的发展机遇。

作为国家中心城市和综合性门户城市，广州已经发展成为中国南方重要的金融中心城市。广州现有银行业机构类型四大类、2883 家，其中，法人银行机构 25 家，非传统银行业金融机构 14 家，基本覆盖所有机构类型。保险业法人机构五家，省级保险分公司 101 家。随着金融机构体系日益健全，粤港澳大湾区商业银行设立被提上日程，上海保险交易所、中保投资有限责任公司也计划来广州设立南方总部或子公司。

2018 年，广州社会融资规模达 76605 亿元，较 2017 年增加 11211 亿元，同比增长 171%，对广州经济增长形成有力支撑。银行机构积极发挥融资主力军作用，指导各区组织约 200 场产融对接活动，意向融资金额合计超 5000 亿元。截至 2018 年末，广州地区银行机构存款余额 547 万亿元，贷款余额达 407 万亿元，其中，民营企业贷款增量占境内企业新增贷款超五成，为广州市民营企业发展和重点项目建设提供了有力支撑。新增境内外上市公司 10 家，累计上市 160 家；新增新三板挂牌公司 21 家，累计挂牌 485 家。设立首期规模 30 亿元的上市民营企业纾困基金，撬动社会资本形成 200 亿元的总规模。各类股权投资、风险投资、私募基金市场主体共 6192 家，全年新增 1600 多家，管理资金规模 9135 亿元。成立广州创业与风险投资协会。各区基金管理公司运作逐步迈入正轨，签约投资项目 34 项，总投资金额 796 亿元。金融与科技深度融合发展，印发《广州市关于促进金融科技创新发展的实施意见》，广州在一线城市中首个实施金融科技发展战略。加强移动支付基础设施建设，整体水平在全国处于领先地位。完善政银保风险分担机制，印发《广州市政策性小额贷款保证保险实施办法（修订）》，每年安排 3000 万元用于政策性小额贷款保证保险风险补偿和保费补贴，为科技型企业、初创企业、"三农"、小微贷款提供保险支持。普惠金融建设稳步推进，广州市共有小额贷款公司 107 家，融资担保公司在保余额 250 亿元。

二、深圳市金融发展及特点

金融是深圳市确定的四大支柱产业之一。深圳市不但有全国唯二的证券交易所，而且在私募、基金、保险、信托、融资租赁、财富管理等重要的金融分支领域都有相当实力。2018 年，深圳金融业实现增加值 3067.21 亿元，占 GDP 比重的 12.7%；金融业实现税收（不含海关代征和证券交易印花税）1314.8 亿元，占深圳市总税收的 22.37%，金融业对税收的贡献超过制造业（20.30%），成为深圳市纳税第一的产业。在 2018 年 9 月英国智库 Z/yen 集团发布的第 24 期"全球金融中心指数"排名中，深圳由上期的 18 位上升至第 12 位，在国内城市中仅次于中国香港（第三位）、上海（第五位）和北京（第八位）。截至 2018 年 12 月末，深圳银行业资产余额 8.02 万亿元；有 22 家证券公司，总资产 14601.58 亿元，净资产 3962.40 亿元、净资本 3216.35 亿元，均居全国第二位，仅次于上海；共有保险法人机构 27 家，法人机构数量位居全国大中城市第三，法人机构总资产位居全国第二。

深圳市在推动金融服务实体经济高质量发展方面制定完善了《深圳市

中小微企业动产融资贷款风险补偿金操作规程（试行）》和《深圳市中小微企业贷款风险补偿金操作规程（试行）》，制定并发布实施《关于强化中小微企业金融服务的若干措施》等多项举措；出台《深圳市金融发展专项资金管理办法》《深圳市金融总部项目遴选及用地申报操作指引》等操作规程；引进百行征信、中国人民银行数字货币研究所等重点机构落地深圳；构建"丰富创业投资主体和资金募集渠道、完善创业投资项目的投资服务体系、拓宽和完善创业投资退出渠道和机制、推进创业投资双向开放、优化创投产业空间布局、优化创业投资监管和市场环境"等多举措、全方位的创投发展专项政策，促进科技创新成果转化，助推深圳国际化创新型城市建设。

深圳市还搭建了"深圳市金融风险监测预警系统"和"深圳市金融监管信息系统"与腾讯集团开展深度合作，组建"灵鲲金融安全大数据平台"三大平台，有效防范和化解金融风险；与港澳金融交流协作密切，形成深港澳金融合作常态化机制，服务大湾区建设。重点发展科技金融、绿色金融、黄金金融和供应链金融等产业领域，完善专项支持政策，引导金融更好地服务实体经济。

三、中国香港金融发展及特点

中国香港作为国际金融中心，金融服务业一直是中国香港最重要的经济支柱之一，在全球100家最大的银行中，有73家在港设有业务；此外，中国香港有全球最大的对外交易成交量，同时又被评为亚洲最高质量的银行体系。

中国香港银行体系的特点是实行三级制，即由持牌银行、有限制牌照银行和接受存款公司三类银行机构组成。这些银行机构均获授权接受公众存款。三级银行机构按照不同的规定营运。截至2018年底，中国香港金融管理局认可的银行业机构共186家，其中，持牌银行、有限制持牌银行和接受存款公司分别有152家、18家和16家。银行体系认可机构资产总额24.04万亿港元，存款总额13.39万亿港元，贷款及垫款总额9.72万亿港元。中国香港股市在全球具有较大的影响力，是全球最活跃及流动性最高的证券市场之一，对资金流动不设限制，也没有资本增值税或股息税。2018 年，在中国香港交易所挂牌（主板和创业板）的上市公司达 2315 家，股票总市值达 30 万亿港元，排名全球第五和亚洲第三；股票市场总集资额达 5417 亿港元，其中，IPO 集资额 2865 亿港元，排名全球首位。

中国香港是全球规模最大的离岸人民币业务枢纽、融资及资产管理中心。2018 年底，中国香港银行体系人民币存款（含未偿还存款证）总额为 6577 亿元，贷款余额为 1056 亿元，2018 年经中国香港银行处理的人民币贸易结算总额为 42062 亿元，人民币债券发行额为 419 亿元。中国香港银行处理的人民币贸易结算交易额于 2018 年下半年达到 21846 亿元人民币，2018 年全年，人民币实时支付结算系统的日均成交金额 10101 亿元人民币。2018 年 11 月，中国人民银行首次在中国香港发行 200 亿元人民币离岸票据，丰富中国香港优质人民币资产类别，并完善中国香港人民币债券收益率曲线。

中国香港获公认为亚洲主要的基金管理中心，会聚众多国际基金管理人才。根据证券及期货事务监察委员会的调查，2018 年，中国香港基金管理公司所管理的资产（房地产投资信托基金除外），约有 62% 源自非中国香港投资者。虽然如此，中国香港基金管理公司所管理的资产占资产管理业务逾 50%。2018 年，中国香港基金管理公司所管理的资产有 67% 投资于亚太区，总额为 53330 亿港元，其中 25030 亿港元投资于中国香港，12050 亿港元投资于中国内地，5310 亿港元投资于日本，10940 亿港元投资于亚太区其他地区。

四、中国澳门金融发展及特点

中国澳门特别行政区政府于 2015 年 11 月起发展特色金融，重点发展融资租赁、人民币清算和财富管理等业务。中国澳门特别行政区经济财政司长梁维特指出，2015～2019 年上半年，中国澳门新增金融机构共 11 家，包括银行、保险机构、融资租赁公司等，目前内地四大商业银行皆已落户中国澳门。中国澳门人民币即时支付结算系统 2016～2019 年上半年共处理 6412 亿元人民币，累计处理人民币清算业务结算总额自 2015～2019

年 7 月达 5069 亿元。截至 2019 年 6 月底，中国澳门财富管理客户增加至 29 万个，投资组合的期末市场价值增幅接近 25%，达到 2243 亿澳门元；银行业盈利为 77.9 亿澳门元，总存款为 11780.0 亿澳门元，总贷款为 10930.4 亿澳门元。人民币业务方面，人民币存款总额为 444.7 亿元；跨境贸易人民币结算总额为 183.7 亿元。中国澳门金融业资产总值由 2015 年底的 14000 亿澳门元扩大到 2019 年 6 月底逾 20000 亿澳门元，三年半时间增幅达 48.6%。

截至 2018 年末，中国澳门共有 29 家银行，其中，在中国澳门本地注册的有 11 家，外地注册在中国澳门设立分行的有 18 家，其中，内资银行有五家，包括中国银行、中国建设银行、中国农业银行、交通银行及总行位于粤港澳大湾区的广发银行。

中国澳门经济规模虽小，但外向度高，拥有"一国两制"制度优势及自由港、低税率、高度开放而稳定的金融体系等优势。随着多家金融机构的落户及开展跨境业务，澳门金融业朝更多元化、创新的方向发展，并可为澳门引入更多的金融产品，进一步强化澳门金融业的整体实力。粤港澳大湾区建设将有序推进湾区各城市金融市场间的互联互通、金融产品的跨境销售和民生金融的发展。

五、其他城市金融发展情况

粤港澳大湾区金融业的空间分布从中国香港的一城独秀，发展到以中国香港、深圳和广州为核心集聚城市的"中心—外围"结构。中国香港金融集聚中心的功能主要分散到了深圳与广州，形成三个城市辐射其他城市的效应，在其余 8 个城市中，特别是东莞和佛山，金融业规模占比提升都较为明显。大湾区 11 个城市产业结构差异化，有助于实现各城错位发展与湾区金融发展整体最优，未来需要加快推动金融科技、基础设施建设、绿色金融以及便民民生金融的融合发展。

东莞加快推动科技、金融、产业"三融合"。强化财政和国有资本对创新的引领，2018 年，东莞市设立规模 100 亿元以上的产业投资基金和并购基金，整合成立科技创新金融集团，贴息发放"三融合"贷款 68 亿元。

强化金融对实体经济的支撑，2018 年制造业、小微企业贷款分别突破 1000 亿元、2000 亿元，"倍增计划"和高企贷款均突破 300 亿元；专利权质押融资金额规模居广东省第二位。东莞成为广东省唯一齐备港澳台资银行的地级市。2018 年，东莞市金融业实现增加值 511.45 亿元，比 2017 年增长 6.9%。2018 年末东莞市各类金融机构 154 家，其中，银行类机构 43 家（含 1 家代表处，1 家法人信托机构，3 家独立挂牌信用卡中心）。

2018 年，佛山市金融机构存款余额 1.54 万亿元，增长 9.5%；贷款余额 1.05 万亿元，增长 11.5%，成为广东省首个贷款余额突破万亿元的地级市；银行业机构不良贷款率为 1%，下降 0.46 个百分点。高端服务业载体建设取得一定成效，其中，广东金融高新区集聚银行、证券、私募创投等项目 523 个，总投资达 1010 亿元；千灯湖创投小镇一期基本建成，新引进股权投资基金 152 家，资金规模 124 亿元。

珠海市出台实施"金融十四条"，建立风险补偿和政府金融资源激励机制，综合施策支持普惠金融发展，着力缓解企业融资难融资贵的问题，2018 年中小微企业通过"政企云"投融资增信子平台获得贷款 101.35 亿元。出台科技融资奖励和科技信贷、创业投资风险补偿等措施，设立粤港澳前沿产业投资基金、科技天使基金。外商投资股权投资企业试点落地实施，跨境投融资便利化取得实质进展。珠海市金融科技中心加快建设，横琴智慧金融产业园正式运营。2018 年末，珠海市中外资银行业金融机构本外币各项存款余额 7542.91 亿元，比年初增长 8.9%；中外资银行业金融机构本外币各项贷款余额 5238.24 亿元，比年初增长 9.0%。其中，住户贷款余额 2202.42 亿元，增长 2.4%；非金融企业及机关团体贷款余额 2881.85 亿元，增长 17.3%；境外贷款余额 153.96 亿元，下降 23.0%。

2018 年末，中山市金融机构本外币各项存款余额 5930.49 亿元，增长 9.5%。中山市金融机构本外币各项贷款余额 4036.39 亿元，增长 8.1%。住户贷款 2192.11 亿元，增长 12.4%；非金融企业及机关团体贷款 1794.97 亿元，增长 2.9%。中山市科技金融加速发展，截至 2018 年，累计发放科技贷款 60 亿元，建成技术转移和知识产权交易协同创新中心，技术合同交易额增长 121%。

2018 年末，惠州市金融机构本外币存款余额 6171.35 亿元，增长

12.5%，其中，人民币各项存款余额 5839.65 亿元，增长 15.0%；金融机构本外币贷款余额 4886.82 亿元，增长 21.8%，其中，人民币贷款余额 4650.84 亿元，增长 21.8%。

江门市金融服务实体经济能力进一步增强，江门农商银行和鹤山农商银行挂牌营业，江门农商银行成为广东省第一家由城区农商银行合并组建的地市级农商银行，2018 年总资产达 1000 亿元，排广东省农合机构第六位，江门市农合机构改革总体进度排在广东省前列。2018 年末，金融机构本外币存款余额 4528.88 亿元，比 2017 年末增长 6.0%，其中，境内存款余额 4349.77 亿元，增长 5.9%，境内存款中住户存款 2783.43 亿元，增长 7.2%；境外存款余额 179.11 亿元，增长 9.6%。金融机构本外币贷款余额 3140.85 亿元，增长 12.3%，其中，境内贷款余额 3107.82 亿元，增长 12.2%，境内贷款中住户贷款 1318.18 亿元，增长 18.3%；境外贷款余额 33.03 亿元，增长 19.9%。

肇庆市实行大融资大建设大开发推动城市价值提升的策略，制定实施隐性债务风险化解方案，2018 年获得了广东省各类补助资金和债券资金 212 亿元，全面完成农合机构改制农商行申筹工作，怀集、广宁农商行开业运作。2018 年，肇庆市金融机构本外币各项存款余额增长 10.5%，贷款余额增长 21.5%，在广东省排第三位，自 2014 年以来，不良贷款率首次低于广东省平均水平；金融本外币存款余额 2495.80 亿元，增长 10.4%，比 2017 年末回落 0.3 个百分点；金融本外币贷款余额 1825.47 亿元，增长 21.5%，比 2017 年末提高 5.4 个百分点；住户贷款增长 31.8%，非金融企业及机关团体贷款增长 14.4%。

第四节　大湾区城市科技发展水平

一、广州市科技发展概况

2018 年，广州市高新技术企业数量突破 1 万家，机场、港口、高铁、地铁等重大项目建设取得进展，承载力不断增强，在世界城市体系、全球科技创新实力、全球金融中心等排名明显提升。

2018 年，广州市政府出台系列产业扶持政策推动传统产业转型升级，促进有效投资增长，加快发展新一代信息技术、人工智能、生物医药和新能源、新材料产业，重点培育六个新支柱产业集群，获批国家智能网联汽车与智慧交通应用示范区。对影响大、关注度高的项目挂图作战，重点项目完成投资 2812.8 亿元，高技术制造业投资增长 1.5 倍。先进制造业和高技术制造业增加值占规模以上工业比重分别为 59.7% 和 12.8%，同比分别提升 1.6 个和 0.1 个百分点。

《2019 中国广州经济形势分析与预测》蓝皮书显示，广州市 IAB（新一代信息技术、人工智能、生物医药）产业和 NEM（新能源、新材料）产业加速发展，创新类企业数量迎来爆发式增长。广州 IAB 产业 2018 年全年增加值同比增长 9% 左右，占 GDP 比重的 6.4%。人工智能、生物医药和物联网等占比 60% 以上的"高精尖"成长企业，其主营业务收入平均增长率达 333.45%。

2018 年，广州市推进再生医学与健康、南方海洋科学与工程省实验室建设，新增国家级创新平台 15 家、省级平台 80 家，广州高新区入选国家十大世界一流高科技园区；开展高新技术企业树标提质行动，新增高新技术企业超过 2000 家，科技创新企业超过 20 万家，国家科技型中小企业备案入库数位居全国城市第一；设立 50 亿元科技成果产业化引导基金，科技信贷风险资金池拉动银行贷款超过 100 亿元，股权投资机构达到 6192 家；开展知识产权运用和保护综合改革试验，专利和发明专利授权量分别增长 45% 和 20%，技术合同成交额增长 1 倍以上；举办海交会、小蛮腰科技大会等系列活动，新发放"人才绿卡"1580 张。广州市不断优化科技创新营商环境，大力培育具有较高成长性或发展潜力巨大的科技创新中小企业。

二、深圳市科技发展概况

深圳市高新技术产业发展是全国的一面旗帜。研发投入占 GDP 比重、

PCT 国际专利申请量全国领先，国家级高新技术企业数量居全国第二位，数字经济发展走在全国前列。光明科学城、鹏城实验室、深圳湾实验室等重大创新平台启动建设。深圳获批国家可持续发展议程创新示范区，成为中国最具创新力的城市，在全球创新体系中的地位不断提升。

2018 年，深圳率先在全国实施重大科技项目评审专家"主审制"，出台科研项目经费管理改革 20 条，赋予高校、科研院所更大的科技经费管理自主权。改革科研资金、战略性新兴产业资金等使用管理办法，形成事前竞争立项、事后奖励等多元化支持方式，规范科技经费和产业资金使用、堵塞腐败漏洞有新举措。构建了"基础研究+技术攻关+成果产业化+科技金融"的全过程创新生态链，制定加快发展战略性新兴产业实施方案，设立全国首个 50 亿元天使投资引导基金，全社会研发投入超过 1000 亿元，国家级高新技术企业预计新增 3000 家以上、总量超过 1.4 万家，战略性新兴产业增加值增长 9.1%。制定加强基础研究的实施办法，开展芯片、医疗器械等 10 项关键零部件重点技术攻关；开展合成生物研究、脑解析与脑模拟等重大科技基础设施，启动建设肿瘤化学基因组学国家重点实验室；新组建第三代半导体研究院等新型基础研究机构 10 家，新增各类创新载体 189 家。获科技进步一等奖等国家科技奖 16 项、中国专利金奖 4 项。专利授权量增长 48.8%，科技进步对经济增长的贡献率进一步提升。

深圳依法实施严格的知识产权保护，中国（深圳）知识产权保护中心和南方运营中心正式挂牌。出台了鹏城英才计划等政策，成立国家级人力资源服务产业园。全年新引进人才 28.5 万名、增长 8.4%，新增全职院士 12 名、总量增长 41%，新增高层次人才 2678 名、增长 59%。

三、中国香港科技发展概况

在 2019 年全球创新指数的基础设施排名中，中国香港在 129 个经济体中名列第四位。中国香港政府于 1998 年公布资讯科技发展蓝图，并据此投资发展各项必要的基础设施，包括注资 50 亿港元成立创新及科技基金；创办由政府资助的中国香港应用科技研究院；建立中国香港科学园、数码港及五所研发中心。

中国香港科学园现有超过 680 家科技公司进驻，并有近 13000 名科技专才在园内工作。整体而言，科学园重点发展五大科技群组，生物医药科技、电子、绿色科技、资讯及通信科技、物料与精密工程，同时积极推动三大跨界别技术平台：智慧城市、健康老龄化及机械人技术。中国香港科技园公司成立了附属公司港深创新及科技园公司，负责发展在落马洲河套地区的港深创新及科技园，港深创新及科技园区的第一期工程中已列入 200 亿港元，通过协助内地企业开拓全球市场和海外企业进军大陆市场，这个创新科技园区将汇聚粤港澳大湾区内各个城市的科技优势，园区建成后，为众多初创企业、科技企业、高等院校和其他研发机构提供逾 350 公顷的合作基地。数码港由中国香港政府全资拥有，是一个创意数码社区，云集超过 800 家社区成员。数码港的愿景是成为全球创新及科技枢纽，包括培育数码科技界的初创公司及企业家，推动协作以集中资源及缔造商机及推行策略发展计划及合作，促进数码科技普及化。

中国香港特别行政区政府在 2018~2019 年度财政预算案确立四大发展范畴，包括生物科技、人工智能、智慧城市及金融科技。政府再增拨 500 亿港元，用于推广创新及科技发展，其中，包括向创新及科技基金额外注资 100 亿港元；建设两个科技创新平台，分别专注于医疗科技及人工智能和机械人技术；向数码港拨款加强支援初创企业及推动发展数码科技生态系统。

四、中国澳门科技发展概况

中国澳门科技的发展从 2000 年制定科技政策纲要、2002 年成立科技委员会和 2004 年成立科技发展基金作为里程碑有了突破性的改变。例如，在中医药领域，澳门大学和澳门科技大学成果丰硕，在国际顶级杂志发表多篇论文，在质量控制、药物分析、药理安全等领域达世界前沿。中国澳门还有很多前沿的科研成果，例如，澳大的精准癌症治疗、改良的 LED 技术、机器翻译、澳科大诊断类风湿关节炎 TiO2-PGC 芯片等。

中国澳门在有限的资源、国家的支持下，科技创新从无到有。截至 2019 年 10 月，澳门科学技术发展基金共收到 604 个科研项目申请，批出了 260 个项目，总批准金额近 3.4 亿元。为大力促进科技创新，加强支持重点领域，中国澳门特别行政区政府制订了重点研发专项资助计划，以进一步集成澳门的科技资源，实现跨学科优势互补、集成创新，形成具备转化条件的科研成果。在人才培训方面澳门已推出两个专项资助计划，"高等院校科研仪器设备专项资助计划"和"高等院校博士后专项资助计划"，以进一步提升澳门本地高等院校科研创新能力及硬件条件。

五、其他城市科技发展概况

东莞市全面启动了广深港澳科技创新走廊（东莞段）建设，实施 133 个沿线环境品质提升项目，启动了中子科学城建设，被广东省政府同意上升为省级发展平台，并以中子科学城和深圳光明科学城、港深落马洲河套地区为核心载体创建综合性国家科学中心。东莞市实施高企"树标提质"行动计划，高企总量预计达 5798 家，居广东省地级市第一位，新增博士后、博士工作平台 30 家，入选广东省创新科研团队六个，获广东省财政资助金额达 1.8 亿元，创历史之最。专利申请量和授权量预计分别增长 20% 和 40%。PCT 国际专利申请量跃居广东省第二位。获中国专利奖银奖 4 项。R&D 投入占比预计达 2.55%。

佛山市获批建设国家创新型城市，2018 年财政科技投入 54.65 亿元，研发经费支出占地区生产总值比重 2.42%。清华大学佛山先进制造研究院揭牌，中国科学院苏州纳米所佛山研究院、佛山（华南）新材料研究院、清华大学城市安全研究中心、省科学院佛山产业技术研究院等新型研发机构落户。新增国家高新技术企业 1350 家、累计达 3900 家，认定规模以上标杆高新技术企业 50 家。规模以上工业企业研发机构建有率 51%；新增省级企业重点实验室 5 家，累计达 26 家；新增省级工程中心 83 家，累计达 711 家。建有科技企业孵化器 85 家、众创空间 62 家。佛山出台"一环创新圈"战略规划和三龙湾高端创新集聚区综合规划，佛山国家高新区全国排名升至第 25 位。张槎街道获批创建全省首个军民融合科技产业创新试点镇。出台"人才新政 23 条"，新引进领军人才超过 50 人，新增省级创新创业团队 1 个、市级创新创业团队 48 个。与德国亚琛工业大学合作筹建佛山理工大学，北京科技大学顺德研究生院、北京外国语大学佛山研究生院正式招生。成立全省首个技工教育集团，启动实施技能人才"2357"工程。

2018 年，中山市先进制造业、高技术制造业增加值占规模以上工业增加值比重分别达 44.7% 和 19.1%，新增国家和省级智能制造试点示范项目 15 个，新增国家和省级企业技术中心 11 家，省级以上创新平台增至 456 家。中国科学院药物创新研究院中山研究院、哈工大无人装备与人工智能创新中心、中国科学院大学创新中心、中山—中国香港科技大学联合创新中心、广东药科大学—中国香港大学创新平台等一批科技创新平台在中山落地，新增高新技术企业 669 家，总量超过 2300 家。中山市共培养引进国家和省重大人才工程人才 33 人，国务院特殊津贴专家 41 人，市级以上创新创业团队 40 个，博士及博士后工作平台 67 个，新建院士工作站 2 个，创新人才加快聚集。

2018 年，珠海市在促进工业投资、技术改造、装备制造、智能制造等方面出台系列政策，培育引进"独角兽"企业，全社会研发经费支出占地区生产总值比重达 2.8%；每万人发明专利拥有量 64 件、有效注册商标拥有量 352 件；新增 2 家国家级、17 家省级技术中心、56 家省级工程技术研究中心和 2 家省级制造业创新中心，其中格力电器等企业获得第 20 届中国专利金奖 5 项。复旦创新研究院、横琴科学城加快建设，华南理工创新研究院、智慧产业园先导区投入使用，在国家耗材、船舶及海工质检大面的服务能力不断提升。珠海高新技术企业总数突破 1900 家，其中，欧比特公司成功发射 5 颗高光谱卫星，纳睿达公司研发出相控阵雷达超精细化天气观测系统，光驭科技获中国创新创业大赛新材料行业成长组一等奖。珠海出台了英才计划，举办系列人才主题活动，配建人才住房 1171 套，引进各类人才 2.7 万名、增长 50%。5 人入选国家创新人才推进计划，新增博士后工作站 6 家、博士工作站 24 家。

惠州市创新能力不断提高，2018 年惠州 R&D 经费支出占 GDP 比重 2.3%。新认定高新技术企业 435 家，总量 1108 家，增长 40%。中国科学院"两大科学装置"动工建设，潼湖科技小镇首期开园。新增省级高水平新型研发机构 3 家。规模以上工业企业研发机构覆盖率 46%。PCT 专利申请量 360 件，万人发明专利拥有量 13 件。"珠江人才计划"创新创业团队增至 6 个。

江门市启动创建国家创新型城市，2018 年江门高新区在全国 157 个国家高新区中综合排名第 62 位，连续四年实现争先进位，台山市入选首批国家创新型县（市）建设名单。高新技术企业突破 1200 家，增长 70%，增速连续两年排珠三角第一；新增省级工程技术研究中心 104 家，增量在全省排名第三位；科技型小微企业达 3126 家，增长 47.45%；规模以上工业企业研发机构覆盖率达 56.53%。新增科技企业孵化器 9 家、众创空间 11 家、科技支行 10 家，分别达到 31 家、35 家、18 家。2 名企业家获得国家级"科技创新创业人才"荣誉称号。江门市制定了实施《关于进一步集聚新时代人才建设人才强市的意见》，"人才管家"项目获中组部肯定，新引进博士后 40 人，在站博士后人数比 2017 年翻了一番，新设立 2 家国家级博士后科研工作站，实施"百名博（硕）士引育工程"，各类人才资源总量突破 100 万。江门市人才岛首期项目顺利开工，完成年度投资 25 亿元。高技能人才连续 8 年每年增加万人以上，总数达 13.68 万人。

第五章
珠三角城市群科技金融发展现状
——基于大湾区视角

第一节　大湾区金融产业发展现状

一、金融企业数量及类型

截至 2018 年末，大湾区内 9 个城市（广州、深圳、珠海、佛山、惠州、东莞、中山、江门、肇庆）除国内四大国有银行、交通银行、邮储银行及 9 家大型股份制银行的分支机构之外，总部还在该区域设立股份制银行 3 家，城市商业银行 5 家，民营银行 1 家，农村商业银行 20 家，农村信用社联合社 7 家，村镇银行 40 家。

2018 年，中国澳门共有 29 家银行，其中，在中国澳门本地注册的有 11 家，外地注册在中国澳门设立分行的有 18 家；中国香港金融管理局认可的银行业机构共 186 家，其中，持牌银行、有限制持牌银行和接受存款公司分别有 152 家、18 家和 16 家。

随着大湾区发展规划的逐步部署，中国香港和中国澳门的银行大量涌入内地市场。2018 年 1 月，大西洋银行进驻珠海横琴，成为在内地设立分支机构的第一家澳资银行，标志着中国澳门正式纳入大湾区的金融互通体系。浦发硅谷银行、玉山银行、大华银行和集友银行等外资银行也于

2018 年陆续在大湾区开设分行。截至 2019 年 3 月，汇丰集团、东亚银行及中国香港星展银行等十余家中国香港银行在广东省 21 个地级市共设立 24 家分行，129 家异地支行，占全广东省外资银行网点总数的 56%。近期国内监管机构拟推出 12 条银行业保险业的对外开放新措施，未来会有越来越多的外资银行进入中国市场，尤其是大湾区市场。

在其他金融企业方面，据中基协统计，截至 2018 年底，广东省私募基金管理人数量为 6279 家，在全国排名第一，占全国私募总家数的 1/4。其中，4624 家位于深圳市，占广东私募总数的 73.64%。在信托公司方面，机构个数有 5 家，财务公司 23 家，其他金融机构有 9 家。

上述银行、金融机构共同构建起大湾区的金融体系，在实现自身业务快速拓展的目标以外，共同为大湾区的金融市场建设保驾护航。

二、金融产业结构发展现状

根据 2018 年统计数据，大湾区三个主要核心枢纽城市中国香港、深圳、广州的 GDP 均超过人民币 2 万亿元，同时金融业的增加值均达到人民币 2000 亿元及以上；紧随其后的是东莞、佛山、澳门，作为大湾区的第二梯队，整个金融业的增加值在人民币 600 亿元到 250 亿元的区间；第三梯队就是中山、珠海、惠州、江门、肇庆，五个城市的金融业增加值在人民币 250 亿元以内。

中国香港金融管理局公布的数据显示，2018 年中国香港银行业盈利理想，零售银行实现税前盈利增长 19.4%。在银行业贷款方面，2017 年中国香港整体银行贷款增长 4.4%。此外，中国香港金融管理局于 2018 年 5 月公布了重新修订后的《虚拟银行的认可指引》（以下简称《指引》），该《指引》鼓励各类机构在中国香港设立虚拟银行，可有助于促进中国香港的金融科技和创新，并重新界定客户的服务体验。

截至 2018 年末，中国澳门银行业的资产总额上升 17.4%，达 17882 亿澳门元，维持优良的资产质量及充足的资本，不良率为 0.2%，资本充足率为 14.8%。澳门银行业国际性资产占银行体系总资产的份额较大，属于中国内地资本的银行拥有约 90% 的国际资产及负债。大湾区的建设势必让在中国澳门的中资银行巩固及充分发挥自身优势，带来更稳定及持续的增长。

大湾区内九个城市（不含港澳）银行发展情况：

1. 股份制银行

在中国 12 家大型股份制银行中，招商银行、平安银行及广发银行均将总部设在大湾区内，这三家银行对大湾区金融体系的构建发挥着举足轻重的作用。2018 年底，三家银行总资产规模已超过人民币 12 万亿元，相较于 2017 年增长约 7.8%，相比其他股份制商业银行，这三家银行表现出更好的增长速率，增长主要来自于投资与贷款规模。2018 年底，三大股份制银行贷款规模超过人民币 7 万亿元，是大湾区最大的融资渠道。其中，不良贷款规模约为人民币 1080 亿元，相较于 2017 年有所下降，且低于股份制银行平均水平 1.7%；这三家股份制银行均加强了不良资产处置力度，加强化解风险资产。其中，招商银行 2018 年共处置不良贷款 390.64 亿元，其中，常规核销 202.02 亿元，清收 110.72 亿元，不良资产证券化 43.34 亿元，折价转让 13.49 亿元及通过重组、上迁、抵债、减免等其他方式处置 21.07 亿元；平安银行 2018 年通过成立特殊资产管理事业部，加大对已核销贷款的清收力度；而广发银行也采取以现金清收为主，债权转让，以物抵债等手段为辅的各种常规手段，加快清收处置不良贷款，2018 年共清收处置不良贷款本金 283 亿元。

2. 城市商业银行

城市商业银行以"服务地方经济、服务小微企业、服务城乡居民"为基本观念，是商业银行的重要组成部分，具有鲜明的地方性特征，能更加契合湾区经济发展的脉络，是大湾区金融业的重要组成部分。

2018 年底，大湾区内城市商业银行有广州银行、东莞银行、广东南粤银行、珠海华润银行及广东华兴银行 5 家，5 家银行的总资产规模约为人民币 1.40 万亿元，净资产规模为人民币 1003 亿元，相较 2017 年增长 27.8%，高于 2018 年全国城市商业银行 15% 的平均增长率；5 家城市商业银行净利润合计约为人民币 105 亿元，增长率约为 15.8%，远高于全国商业银行平均水平 4.7%；5 家城市商业银行贷款规模约为人民币 6685 亿元，相较 2017 年底增长约 36.07%，其中，不良贷款规模约为人民币 88 亿元，平均不良率约为 1.32%，低于全国城商行平均不良率 1.79%。

3. 农村商业银行及信用合作社

广东省内的农村商业银行（简称农商行）及信用合作社由广东农村信用社联合社（以下简称"广东省联社"）统一协调管理，深圳农村商业银行于 2004 年 8 月脱离广东省联社，独立改制组建。

2018 年底，大湾区内共包含广州农商行、深圳农商行、东莞农商行、广东顺德农商行、广东南海农商行等 20 家农村商业银行及 7 家农村信用合作社，农村商业银行和农村信用合作社旗下的各级分支机构覆盖了大湾区内全部县市，织成了密切的、全方位银行借贷网络。

截至 2018 年底，广东省联社辖下各银行总资产约为人民币 3.09 万亿元，相较 2017 年增长约 5.98%；净资产约为人民币 2525 亿元，相较 2017 年增长 14.88%；总收入约为人民币 1392 亿元，相较 2017 年增长约 6.45%；净利润人民币 374 亿元，增长 15.98%；贷款余额约为人民币 1.43 万亿元，较 2017 年增长 13.90%；不良贷款规模约为人民币 497 亿元，比 2018 年初减少 35 亿元，降幅 6.58%；不良贷款占比 3.54%，较 2017 年下降 0.74 个百分点，不良率低于全国农村商业银行平均水平 3.96%。

随着地方经济发展，农商行的实力也在飞速发展，在大湾区金融体系扮演着越来越重要的角色。2019 年 2 月 26 日，中国银行业协会发布"2018 年中国银行业 100 强榜单"，大湾区内的广州农商行、东莞农商行、顺德农商行、深圳农商行以及南海农商行入选全国 100 强榜单。

通过重组改制与改革，各银行做大做强。2017 年 8 月，广东省政府通过《关于全面推进农村商业银行组建工作的实施方案》，积极引入优质战略投资机构，在增资扩股上出实招，实施股权多元，鼓励政府平台、国有企业适当入股，积极引入银行业金融机构、优秀民营企业投资入股。2017 年 11 月 15 日，广东省政府召开"全面加快组建农村商业银行组建工作动员大会"，要求 2018 年底全省所有的农村信用合作社（简称农信社）（65 家）要全部完成改制农商行。至此，广东展开了全面的农信社改制工作。除了农信社改制之外，农商行还开始了合并组建，整合资源，做大做强的工作。2018 年 9 月 30 日，广东江门农村商业银行股份有限公司正式挂牌开业。江门农商银行是由江门新会农村商业银行股份有限公司、江门融和农村商业银行股份有限公司合并组建的市级农商银行，2017 年 9 月正式启动合并组建工作，是广东省城区合并农合机构中第一家获批筹建的农商银行。合并以后，江门农商银行的资产规模和抗风险能力得到了很大的增强，截至 2018 年 12 月 31 日，总资产规模达到人民币 1043 亿元，贷款规模 432 亿元，跃居千亿元银行之列。值得一提的是，2019 年第一季度，广东农信社进入了改制的最后冲刺阶段，2019 年 3 月 8 日，广东银保监局通过了广东乐昌农村商业银行股份有限公司开业的批复。随着农商行的壮大发展，众多农商行选择了上市的道路。广州农村商业银行已于 2017 年在中国香港联交所挂牌交易，并在 2018 年开始回归 A 股的进程。佛山顺德农商行和南海农商行也先后提交 A 股上市申请。可以预见，随着大湾区农商银行、农村信用社的改革深化及壮大发展，将会看见越来越多的农商行拥抱资本市场。

4. 外资银行

2019 年 5 月，银保监会宣布拟推出 12 条银行业保险业的对外开放新措施，其中，放宽中外合资银行中方股东限制、取消中资商业银行的外资持股比例限制、放宽对外资银行的总资本要求、允许外资银行可即时在中国经营人民币业务等新措施有利于外资银行在内地的经营环境，提高中小型外资银行进入中国市场的积极性。大湾区的建设更为外资银行带来新的发展机遇与巨大的市场空间，加之不断开放的银行业市场，对于外资银行来说更具吸引力。

目前在大湾区注册的外资法人银行有开泰银行（中国）有限公司、玉山银行（中国）有限公司、中信银行国际（中国）有限公司、大新银行（中国）有限公司、华商银行、摩根士丹利国际银行（中国）有限公司。除了这六家在大湾区注册的外资法人银行之外，还有一些外资银行在大湾区设立分行经营，例如，大华银行、集友银行、浦发硅谷银行、永丰银行、大西洋银行、国泰世华商业银行、澳门国际银行等。2016 ~ 2018 年，大湾区注册成立了 13 家外资银行及分行，其中，中国台湾金融机构成立了 6 家，泰国金融机构成立 2 家，新加坡、美国、葡萄牙、中国香港、中国澳门金融机构分别成立 1 家。

截至 2018 年底，大湾区内开泰银行（中国）有限公司、玉山银行（中国）有限公司、中信银行国际（中国）有限公司、大新银行（中国）有限公司、华商银行、摩根士丹利国际银行（中国）有限公司这 4 家外资银行的总资产规模约为人民币 1458.75 亿元，总负债规模约为人民币 1272.96 亿元，较 2017 年的增长率分别为 2.2% 和 1.26%，低于 2018 年全国商业银行平均增长率；资本充足率约为 58.81%，高于 2018 年全国外资银行的平均水平 18.40%；净利润合计约为人民币 12.82 亿元，增长率约为 15.65%，增速较快，其中，开泰银行和摩根士丹利国际银行增幅明显，增幅均超过 100%。

5. 民营银行

截至 2019 年初，全国有 17 家民营银行，大湾区仅有一家民营银行，是成立于 2014 年的深圳前海微众银行。截至 2018 年底，微众银行总资产突破 2200.37 亿元，相较 2017 年增幅达到 169.31%；贷款规模达到人民币 1198.17 亿元，增幅 151.16%；全年实现盈利人民币 24.74 亿元，增长 1569.94%。微众银行全面推进人工智能、区域链、云计算、大数据等发展战略，致力于研发、应用创新领先，该发展战略也顺应了《粤港澳大湾区发展规划纲要》强化金融服务实体经济的本源，着力发展科技金融的指导意见。此外，广州本土多家民营企业共同出资的广州花城银行目前正在积极筹备当中，如果成功获批，则有望成为广东第三家、大湾区内第二家民营银行。

6. 村镇银行

截至 2018 年底，大湾区内共有 40 家村镇银行。村镇银行在村镇地区设立，资产规模一般在人民币 5 亿元以内，主要为当地农民、农业和农村经济发展提供金融服务的银行业金融机构，是大湾区三农经济发展的重要金融支持力量。

7. 其他金融

在其他金融企业方面，据中基协统计，截至 2018 年底，广东省私募基金管理人数量为 6279 家，在全国排名第一，占全国私募总家数的 1/4，管理规模高达 2.3 万亿元。其中，4624 家位于深圳市，占广东私募总数的 73.64%。在信托公司方面，机构个数有 5 家，资产总额 644 亿元。财务公司 23 家，资产总额 4109 亿元。其他金融机构有 9 家，资产总额 6039 亿元。

三、科技领域投融资情况

硬科技是指对人类经济社会产生深远而广泛影响的革命性技术，其底层是科学研究支撑的，具有较高的技术门槛和技术壁垒，难以被复制和模仿。现阶段的硬科技主要包含八大领域，分别是人工智能、航空航天、生物技术、光电芯片、信息技术、新材料、新能源和智能制造。2013～2017 年，中国硬科技领域投资案例数和投资金额均呈现快速增长态势。其中，投资案例数由 2013 年的 345 起增长至 2017 年的 1628 起，5 年增长了 371.9%；涉及的投资金额相应地由 227.9 亿元增至 1727.9 亿元，5 年平均增幅 49.3%。2018 年上半年，尽管受中美贸易摩擦、资本市场转冷等因素影响，硬科技领域披露的投资案例数和投资金额并未出现大幅下滑，仍达到 2017 年全年的一半水平，分别为 854 起、860.2 亿元。

从投资数量来看，2013～2018 年上半年，首先是信息技术领域投资案例数累计最多，达到 2391 起，大幅领先于其他领域，所占比重接近四成。其次是人工智能领域，累计投资案例数量 1121 起，占比为 18%；其他六大领域数量则在 600 起以下。从投资金额来看，2013～2018 年上半年，新能源领域累计投资额同样最高，达到 1259 亿元，超过了信息技术领域。不过，信息技术领域累计投资额也超过 1000 亿元，为 1180 亿元；人工智能领域排名第三，累计投资额 835 亿元。

硬科技领域投资分布与当地经济发展水平息息相关。数据显示，2013 年至 2018 年上半年，北京、广东、上海、江苏、浙江五大省市投资案例数达 4818 起，占总投资案例数的 78% 左右，投资总金额合计超过 3500 亿元，占比 75% 左右。在 2018 年广东省投资增速放缓的环境下，广东高技术和先进制造业投资仍保持活跃，全年高技术制造业投资增长 18.1%，装备制造业投资增长 12.5%。

第二节　大湾区科技金融发展现状

一、科技金融服务概述

科技金融是以科技投入为引导，金融投入为主体，通过制度、机制、工具等创新，整合科技、金融、企业和社会资源，服务于科技成果转化和高新技术产业发展的多元化科技投融资体系，主要包括企业资金、政府投入、创业风险投资、科技贷款和担保、多层次资本市场、科技金融产品及中介服务体系等多个方面。科技金融服务业就是与科技金融相关的服务产业，例如，风险投资服务业、银行业、证券业、保险业及担保、资产评估、会计、审计、金融信息等专业服务业。

二、科技金融服务主体概述

科技金融服务主体包含需求主体和服务主体。需求主体包括区块链、高新技术、数字技术、软件、电子信息、航空航天、生物医药等科技类高新企业，其对金融资本的需求较强烈，用于科技研发与成果转化。服务主体包括银行及非银金融机构提供的各类科技类基金、债券、证券、风险投资、金融租赁等形式的科技金融支持。

三、区域性科技金融服务平台

为了服务当地或周边地区的科技企业，各地纷纷建立科技金融服务平台。表5-1列出了国内部分科技金融服务平台。

表 5-1　中国部分科技金融服务平台

序号	企业名称
1	广州市科技金融平台
2	成都市科技金融服务平台
3	上海市科技金融信息服务平台
4	江苏省科技金融信息服务平台
5	南京市科技创新创业金融服务中心
6	中国高新区科技金融信息服务平台
7	河南科技金融服务平台
8	浦发科技金融服务平台
9	苏州科技金融服务平台
10	山东科技金融服务平台
11	泉城科技金融服务平台
12	青岛科技金融服务平台
13	武汉科技金融信息服务平台
14	广东省科技金融综合信息服务平台
15	湖州科技金融服务平台

资料来源：公开信息整理。

广东省科技金融服务平台。设在广东省生产力促进中心的科技金融综合信息服务中心是省科技厅推动全省科技金融服务网络建设的实施牵头单位，是全省科技金融服务网络的中枢，要发挥带头示范作用，最大限度地发挥龙头和桥梁纽带作用。

科技金融服务中心的主要职能是推动综合服务中心各地市、高新区分中心建设，逐步建立覆盖广东的"线下实体+线上网络"的科技金融服务网络。构建全省科技项目成果库和科技型中小企业信息库，建设全省科技金融信息服务平台。遴选和培训科技金融特派员。组织各类科技金融资源，与各地科技金融服务平台上下联动，开展多层次的投融资咨询及对接服务活动。探索科技金融服务的新模式和新路径，促进科技金融深度融合，推动广东省科技型企业创新创业发展（见表5-2）。

表5-2　广东省科技金融综合信息服务平台分中心

序号	分中心名称
1	广东省科技金融综合服务中心广州分中心
2	广东省科技金融综合服务中心深圳国家自主创新示范区分中心
3	广东省科技金融综合服务中心广州高新区分中心
4	广东省科技金融综合服务中心韶关分中心
5	广东省科技金融综合服务中心深圳分中心
6	广东省科技金融综合服务中心湛江分中心
7	广东省科技金融综合服务中心佛山分中心
8	广东省科技金融综合服务中心汕头分中心
9	广东省科技金融综合服务中心顺德分中心
10	广东省科技金融综合服务中心中山火炬高新区分中心
11	广东省科技金融综合服务中心惠州分中心
12	广东省科技金融综合服务中心江门分中心
13	广东省科技金融综合服务中心番禺区服务中心
14	广东省科技金融综合服务中心珠海高新区分中心
15	广东省科技金融综合服务中心汕尾分中心
16	广东省科技金融综合服务中心东莞分中心
17	广东省科技金融综合服务中心肇庆高新区分中心
18	广东省科技金融综合服务中心江门高新区分中心
19	广东省科技金融综合服务中心云浮分中心
20	广东省科技金融综合服务中心清远分中心
21	广东省科技金融综合服务中心广东金融高新区分中心

资料来源：公开信息整理。

四、大湾区科技金融发展情况

大湾区在科技金融发展方面发展较快，实践效果最好的是深圳市南山区。其贷款经过几年发展，通过政府贴息的撬动，为科技企业提供了三亿多元的贷款，2017 年贷款不良率仅 0.09%。截至 2018 年 6 月，南山区科技金融签约 33 家合作机构，推出六大科技金融产品，知识产权质押贷、投贷联动、成长贷、微业贷，覆盖从初创、发展、上市的全生命周期。通过支持中小企业的集合信贷产品，利用大数据等金融科技技术，推出适合中小科技企业的服务，例如，微众银行微业贷等。基于数据驱动，将科技金融服务平台企业的评估作为政策支持的前置条件，即企业在申请政策之前，要把基础数据放在政府平台上，政府通过对企业数据的评估，判断企业成长性高低和分配支持额度；企业获得资金额度后，可选择不同的金融机构，不同的金融机构之间则会产生竞争关系，为企业提供更好的金融服务。在此机制下，不仅政府能通过比较高的杠杆撬动民间资本支持科技企业，同时还能够促进科技金融机构提供创新产品；另外，南山区科技金融平台最核心的是企业评级系统，涉及指标结构、权重设定、标准化方法等方面的内容①。

---

① 王学龙. 粤港澳大湾区科技金融发展现状、问题与建议［C］. 2018 世界经济特区发展（深圳）论坛——改革开放再出发论文集（中英文双语），2018.

第六章
大湾区科技金融需求主体分析

第一节　大湾区数字经济科技发展分析

一、数字经济的发展价值

数字经济是人类通过数字化的知识与信息识别、过滤、存储、使用，引导、实现资源的快速优化配置与再生，实现经济高质量发展的经济形态。数字经济通过不断升级的网络基础设施与智能机等信息工具，互联网—云计算—区块链—物联网等信息技术，人类处理大数据的数量、质量和速度的能力不断增强，推动人类经济形态由工业经济向信息经济—知识经济—智慧经济形态转化，极大地降低了社会交易成本，提高了资源优化配置效率，提高了产品、企业、产业附加值，推动了社会生产力快速发展，不仅使我国得以在许多领域实现超越性发展，同时也为科技产业提供了技术升级基础。

2018 年我国数字经济规模突破 31 万亿元，预计 2035 年将达到 150 万亿元，占 GDP 比重会突破 55%，数字经济将成为我国各产业未来一段时间发展的重要趋势。国家之所以提出数字经济战略，是希望数字经济可以提高工作效率，将许多本来很烦琐的工作变得看起来简单，以此为社会创造更多的价值和财富。

数字经济作为一种新业态,是推动经济高质量发展,实现质量变革、效率变革、动力变革的内生动力,也是新一轮产业竞争的制高点和促进实体经济振兴、加快经济结构转型升级的新动能,未来发展潜力巨大。2019年《政府工作报告》论及"促进新兴产业加快发展",在强调了"深化大数据、人工智能等研发应用"后,提出了"培育新一代信息技术、高端装备、生物医药、新能源汽车、新材料等新兴产业集群"的要求,总体目标是壮大"数字经济"。

二、数据中心平台建设

全国数据中心建设发展迅速。截至 2017 年底,在总体规模方面,我国在用数据中心总规模达到 166 万架,同比增长 33.4%;规划在建数据中心总体规模达到 107 万架。在地域分布方面,我国数据中心布局渐趋完善,新建数据中心,尤其是大型、超大型数据中心逐渐向西部及北上广深周边城市转移。内蒙古、河北、贵州、宁夏等能源充足、气候条件适宜地区的数据中心在用机架数全国占比超过 30%。

在利用率方面,国内数据中心总体平均上架率为 52.8%,其中,超大型数据中心的上架率为 34.4%,大型数据中心的上架率为 54.9%,中小型数据中心的上架率为 57.8%。在网络质量方面,从接入网络层级来看,全国在用数据中心近一半直连骨干网,其中,大型、超大型数据中心比例达到 78%。从接入带宽来看,全国在用数据中心出口带宽平均为 311Gbit/s,折合平均每个机架带宽约 509Mbit/s,规划在建数据中心平均每机架带宽约 550Mbit/s。在能效方面,全国超大型数据中心平均 PUE 为 1.63,大型数据中心平均 PUE 为 1.54;全国规划在建数据中心平均设计 PUE 为 1.5,超大型、大型数据中心平均设计 PUE 分别为 1.41、1.48。

第二节 大湾区数字经济发展情况分析

一、数字经济发展目标及定位

结合大湾区数字经济发展特点，从数字产业化、产业数字化、数字化治理、数字生活新业态、数字基础设施五个维度，全面展现了大湾区数字经济发展现状，把握世界数字经济发展趋势，描绘"数字湾区"发展蓝图，探索大湾区数字经济协同发展路径。

大湾区在全球数字经济中应担当重要角色，大湾区战略定位将进一步优化数字经济发展格局，以基础研发、数字技术和应用场景为一体的"数字湾区"将成为大湾区发展的最鲜明特征。大湾区正处于数字经济发展战略机遇期，必须牢牢把握以数字化的知识和信息作为关键生产要素的数字经济发展趋势，把数字经济作为推动粤港澳大湾区动能转换、重塑核心竞争力的新引擎，成为对标世界一流湾区发展的主要赛道。粤港澳三地要紧密合作、携手共进，坚持政府引导与市场推动相结合，积极发挥企业作为数字经济创新的主体作用，构建跨区域、跨制度的数字经济创新协同体系，实现大湾区城市群共同推进数字经济创新发展的格局，让数字经济成为助力大湾区腾飞的强力引擎。

二、大湾区数字信息产业发展进程分析

近年来，大湾区把培育壮大数字经济作为推动实体经济高质量发展的重要抓手，努力建设国家数字经济发展先导区。《中国数字经济发展与就业白皮书（2019 年）》显示，2018 年广东数字经济规模超过 4 万亿元，位居全国第一，占 GDP 比重超过 40%。

加快"数字政府"改革建设释放数字红利。广东省正紧紧围绕党中

央、国务院关于深化"放管服"改革、优化营商环境、推进大湾区建设等工作部署，以"数据上云、服务下沉"为主线，推动"数字政府"改革建设向纵深发展。大力推进数字产业化，加快芯片、5G、新型显示、超高清视频、智能终端等产业迈向中高端，着力打造世界一流电子信息产业集群。2019 年 5 月出台《广东省加快 5G 产业发展行动计划（2019～2022年）》，明确了网络建设、突破关键技术、产业培育等 17 项重点任务。此外，广东省加快推进大数据产业发展与应用。建设 6 个省级大数据综合试验区、16 个省级大数据产业园和 9 个省级大数据创业创新孵化园，聚集了一批大数据技术、产品、服务和应用解决方案企业。大力推进产业数字化，充分发挥数字经济对传统产业带动作用。首先是以推进工业互联网创新应用为主要抓手促进制造业数字化转型；其次是加快制造业企业数字化、智能化技术改造；最后是落实《广东省工业企业技术改造三年行动计划（2018～2020 年）》及其修订本，近三年推动 20000 多家工业企业实施设备更新、机器换人和数字化、信息化改造。

据世界互联网大会报告显示，2018 年广东省信息基础设施建设指数从全国第十跃居第一，推进实施新一轮信息基础设施建设三年行动计划见效明显。2019 年广东省下大力气推进 5G 基站和智慧杆建设，目标建成 5G 基站超过 3.9 万座。同时，大力推进乡村信息基础设施建设。2018 年，新增农村光纤接入 117.7 万户，20 户以上自然村 4G 网络覆盖率达 98.5%。完成第三批电信普遍服务试点建设，1041 个试点行政村实现网络升级改造。

多层次多维度优化生态。近年来，广东省不断加快"珠江三角洲国家大数据综合试验区"建设，打造数字经济发展载体。广东省还在全国首创了"制造业大数据指数"（MBI）。自 2017 年以来，通过汇聚与制造业密切相关的 13 类海量数据，运用大数据方法构建了一套全新的制造业发展评价体系，开创了制造业监测预警的新路径，有效支撑工业经济决策。同时，加强数字经济标准体系建设。编制发布《广东省大数据标准体系规划与路线图（2018～2020）》，完成 42 项相关标准制修订工作。此外，通过举办"中国（广东）数字经济融合创新大会""中国工业互联网大会""世界超高清视频产业发展大会""中国（广州）新一代人工智能发展战略国际研讨会暨高峰论坛"等系列品牌活动，搭建数字经济交流与合作平台，营造数字经济发展良好氛围。

近年来，中国香港初创企业所需的基础设施投资及资金支援均增加，业内生态系统大为受惠，日益壮大。根据投资推广署的调查结果，2017 年中国香港初创企业数量继续稳定增长，较一年前增加 16%，而初创企业的雇员数量也增加 21%。中国香港初创企业的主要研究重点包括信息及通信科技、即需即用软件（Software as a Service，SaaS）、物联网、数据分析、生物科技、人工智能、机械人、虚拟实境（Virtual Reality，VR）和扩增实境（Augmented Reality，AR）及新材料。在应用方面，金融科技、智慧城市及智能家居、医疗保健和大数据应用等，都是一些极为热门的领域。鉴于越来越多企业参与培育和加速计划，加上大学、数码港、香港科学园等纷纷推行新计划以推广相关的初创企业，以及市场出现一连串令人注目的初创企业集资活动，预计中国香港科技业很快会到达转折点，增长速度将大大加快。

三、大湾区数字经济的创新支柱分析

作为广东工业支柱，新一代信息技术产业提升将出台实施《培育世界级电子信息产业集群行动计划（2019～2022 年）》，进一步夯实全省信息技术产业基础和优势，形成大湾区数字经济重要支柱。

大湾区将以建设国家数字经济发展先导区为目标，统筹协调全省数字经济发展；制定出台《广东省促进数字经济发展行动方案（2019～2022 年）》，推动全省数字经济规模大幅提升；积极引导各地市根据不同的资源禀赋和功能定位，选择具有地方特色的数字经济发展道路，制定出台配套政策措施，促进区域协调和高质量发展。

建设工业互联网平台体系，大力支持建设跨行业、跨领域工业互联网平台，打造一批特定行业、特定区域工业互联网平台，建设"广东省工业互联网产业生态供给资源池"。2020 年将完成 1 万家工业企业实施数字化、网络化、智能化升级，带动 20 万家企业"上云上平台"。实施新一轮工业企业技术改造行动计划，推动制造业企业广泛运用数字化、网络化技术改造提升生产设备，提升生产设备数字化水平。实施产业集群产业链协同创新行动，支持行业龙头企业为产业集群量身定制智能化转型方案。此外，广泛推行个性化定制、网络化协同、智能化生产等基于互联网的制造业新模式，加速制造业向数字化、网络化、智能化发展。

四、大湾区数字经济发展环境

党中央、国务院对全国发展数字经济进行了战略决策部署，《粤港澳大湾区发展规划纲要》也明确了加快推进大湾区数字经济发展，打造为具有世界领先水平的"数字湾区"和"国际数字经济创新中心"。2019 年，粤港澳处于大湾区模式与数字经济两大国家战略交汇期，多重经济开放体制的叠加效应期，创新链、产业链、供应链数字化转型红利发展期。数字经济逐渐显现出赋能大湾区经济高质量发展的作用，同时，数字经济也成为粤港澳与世界湾区竞争的最主要赛道①。据广东省工信厅消息，广东省计划出台实施《广东省培育数字经济产业集群行动计划（2019～2025年）》，以加速数字经济发展，建成"国家数字经济发展先导区"，力争2022 年数字经济规模达 7 万亿元，占 GDP 比重接近 55%，并为此将具体实施包括数字湾区建设在内的七大重点工程。《粤港澳大湾区发展规划纲要》明确提出发挥龙头企业带动作用，积极发展数字经济和共享经济，促进经济转型升级和社会发展。广东省已发布《广东省数字经济发展规划（2018~2025 年）》，对全省数字经济进行系统谋划，进一步明确了广东省数字经济发展思路、战略目标、重点任务和政策措施。

五、大湾区数字经济规模

2018 年，我国数字经济总量达到 31.3 万亿元，占 GDP 比重超过 1/3，达到 34.8%，占比同比提升 1.9 个百分点（见图 6-1）。数字经济蓬勃发展，推动传统产业改造提升，为经济发展增添新动能，2018 年数字经济发展对 GDP 增长的贡献率达到 67.9%，贡献率同比提升 12.9 个百

---

① 任志宏. 粤港澳大湾区定位于"数字湾区"发展的意义价值 [J]. 新经济，2019（10）：8-14.

分点，超越部分发达国家水平，成为带动我国国民经济发展的核心关键力量。

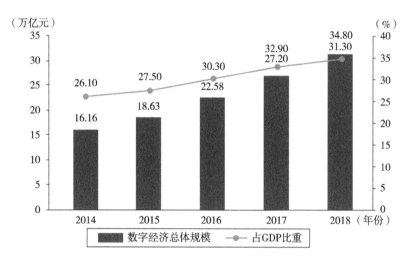

图 6-1　2014～2018 年我国数字经济总体规模及占 GDP 比重

资料来源：中国信息通信研究院。

作为数字经济大省，2018 年广东省数字经济规模超过 4.31 万亿元，约占全国 1/8，居全国第一位，占 GDP 比重超过 40％。从近年来看，广东省数字经济的规模增长迅速，得益于政策的大力推动，例如，广东省相继出台实施了"互联网+"、大数据、工业互联网、人工智能等行动计划或发展规划。针对下一步数字经济的发展，广东省将以大湾区为核心，培育数字经济产业集群，以数字产业化和产业数字化为主线，聚焦数字政府建设、数字技术创新、数字基础设施建设、数字产业化发展、产业数字化转型及新业态新产品培育六大重点任务。此外，还将深入实施社会治理数字化应用示范、重大创新平台建设、新型基础设施建设、数字经济产业创新集聚、工业互联网创新应用、数字农业发展示范、数字湾区建设七大重点工程。未来，大湾区数字经济将呈现快速发展趋势。

粤港澳大湾区数字媒体产业上市公司数量是四大湾区数字媒体产业上市公司总数量的 11％。2008～2017 年，十年总体增幅 100％，其数字媒体产业上市公司数量虽持续见长但占比最小。2017 年，数字媒体产业上市公司数量虽与纽约湾区持平，但总体量甚至还不足旧金山湾区与东京湾区的一半。粤港澳大湾区营业收入增速最快但体量较小。粤港澳大湾区上市公司十年营收总额仅占四大湾区数字媒体产业上市公司营收总额的 8.81%，但是十年增幅最大，2008~2017 年总体增幅高达 2010.82%，并于 2017 年明显超过东京湾区与纽约湾区，但占比仍不足旧金山湾区的 18.5%。研究发现，世界四大湾区数字媒体产业经营效率曲折上升；旧金山湾区稳居第一位，粤港澳大湾区升至第二位，纽约湾区第三位，东京湾区第四位。综上所述，粤港澳大湾区数字媒体产业竞争力取得了巨大进步，虽然从营收和利润的绝对数值上与旧金山湾区还有巨大的差距，但在单位经营效率方面已经具备了与世界一流湾区竞争的能力，未来发展趋势可观。

第三节　大湾区区块链发展概况

一、区块链技术综述

区块链是分布式数据存储、点对点传输、共识机制、加密算法等计算机技术的新型应用模式。区块链（Blockchain）是比特币的一个重要概念，它本质上是一个去中心化的数据库，同时作为比特币的底层技术，是一串使用密码学方法相关联产生的数据块，每一个数据块中包含了一批次比特币网络交易的信息，用于验证其信息的有效性（防伪）和生成下一个区块①。

二、区块链产业价值

区块链的价值体现源于数字化革命。它提供了一个可以直接进行交易

---

① 杨燨. 基于区块链技术的会计模式浅探 [J]. 新会计, 2017 (9)：57-58.

的方式，可以像传递信息一样方便、快捷、低成本地传递价值。区块链在国际汇兑、信用证、股权登记和证券交易所等金融领域有着潜在的巨大应用价值。将区块链技术应用在金融行业中，能够省去第三方中介环节，实现点对点的直接对接，从而在大大降低成本的同时，快速完成交易支付。区块链在物联网和物流领域也可以天然结合。通过区块链可以降低物流成本，追溯物品的生产和运送过程，并且提高供应链管理的效率。该领域被认为是区块链一个很有前景的应用方向。区块链在公共管理、能源、交通等领域都与民众的生产生活息息相关，但是这些领域的中心化特质也带来了一些问题，可以用区块链来改造。通过区块链技术，可以对作品进行鉴定，证明文字、视频、音频等作品的存在，保证权属的真实、唯一性。在保险理赔方面，通过智能合约的应用，既无需投保人申请，也无需保险公司批准，只要触发理赔条件，实现保单自动理赔，降低保险公司运营成本。公益流程中的相关信息，例如，捐赠项目、募集明细、资金流向、受助人反馈等，均可以存放于区块链上，并且有条件地进行透明公开公示，方便社会监督。可以看出，区块链的价值反映在社会经济生活中的方方面面。

三、区块链技术环境分析

2019 年 10 月 24 日，习近平在中央政治局第十八次集体学习时强调："要把区块链作为核心技术自主创新的重要突破口，明确主攻方向，加大投入力度，着力攻克一批关键核心技术，加快推动区块链技术和产业创新发展。"近年来，区块链技术日益成熟，应用领域已由单一的金融领域扩展到身份认证、社会保障、慈善福利、食品安全等社会民生领域。区块链涉及互联网数据库技术、加密技术、分布式存储技术、共识机制、智能合约等技术，高度依赖新一代信息技术、大数据、云计算等。当前，北上广深在区块链技术方面具有全国领先地位，在科技信息技术环境方面较具优势和实力。

四、大湾区区块链技术发展热点分析

区块链与物联网结盟。2019 年初，有数字安全公司发布报告显示，23%的响应者认为，区块链技术可以为保护物联网驱动的设备带来福音。同时，近91%的不使用区块链的企业考虑在将来使用该技术。区块链可大大提高物联网驱动效率和响应能力。另外，区块链应用在金融场景能发挥的效用较大，尤其是在推进金融信用建设方面，让数字资产流动起来，利用金融技术进行交易，创造新的金融产品。在政务应用方面也是技术研发热点，解决各部门之间的高效协同、信息互通问题，为大湾区各城市大数据的汇聚共享、数据资源的开发利用、营商环境的改善提升等提供支撑；针对金融、医疗、交通、教育等数据热点需求领域，推进政府数据的社会化利用，解决城市运行和治理中长期存在的难题，受益于老百姓。

五、大湾区金融市场区块链技术应用发展分析

在诸如资产证券化、保险、供应链金融、大宗商品交易、资产托管等多个金融场景中，由于参与主体众多、信用评估代价高昂、中介机构结算效率低下等原因，传统的金融服务手段难以有效解决行业长期存在的诸如信息不对称、流程繁复冗余、信息验真成本高等核心痛点。区块链技术的优势可以有效解决上述金融场景中存在的痛点。所有市场参与人均可无差别获取市场中所有交易信息和资产归属记录，有效解决了信息不对称问题；智能合约嵌入减少了支付结算环节的出错率，简化了流程并提高效率；同时各参与方之间基于透明的信息和全新的信任机制无须再耗费人力、物力、财力去进行信息确真，将大大降低各机构之间的信任成本，进而降低金融服务价格。金融的本质是风险控制，风险控制的基础是有效数据。区块链技术其特有的数据确权溯源、普适性的底层数据结构、合约自动高效执行等特性，为金融领域的深刻变革孕育了强大的发展潜力。粤港澳大湾区作为区块链技术水平较领先的区域，在金融市场区块链技术应用

领域已开始涉及，以适应高速发展的金融行业。

六、大湾区区块链在供应链金融领域的应用

供应链金融是依托核心企业，以供应链交易过程中的应收账款、预付账款、存货为质押，为供应链中小企业提供融资服务。当前的供应链金融能够为核心企业的直接上下游企业，即一级供应商与经销商提供融资服务，但是二三级供应商与经销商因本身跟核心企业没有直接的贸易往来，使金融机构与其信息不对称，难以评估其信用资质、风控成本比较高，因此，导致了融资难、融资贵。基于区块链的解决方案中，可以以节点可控的方式建立一种联盟链的网络，涵盖供应链上下游企业、财务公司、金融机构、银行等，将各个节点贸易数据上链，上链目的就是为了让各个节点保持同步，金融机构可获取二三级中小型企业贸易的真实情况。有融资需求的企业将他们合同、债权等证明上链登记，可保证这些资产权益数字化以后不可篡改，也不可复制。最后在联盟当中流转资产权益证明，实现点对点的连通，极大地提升数字资产证明流动性，有效地解决供应链金融的核心痛点。

七、区块链在其他领域应用发展分析

在物流领域，商品从生产商到消费者手中需要经历多个环节，跨境购物则更加复杂；中间环节经常出现问题，消费者很容易购买的是假货。区块链天生的开放、透明，使任何人都可以公开查询，伪造数据被发现的概率大增。物流链的所有节点上区块链后，商品从生产商到消费者手里都有迹可循，形成完整链条；商品缺失的环节越多，将暴露出其是伪劣产品的概率越大。

在实体资产方面，实体资产往往难以分割，不便于流通，实体资产的流通难以监控，存在洗黑钱等风险，用区块链技术实现资产数字化后，所有资产交易记录公开、透明、永久存储、可追溯，完全符合监管需求。

在社交方面，区块链应用社交领域的核心价值是让用户自己控制数据，杜绝隐私泄露。区块链技术在社交领域的应用目的，就是为了让社交

网络的控制权从中心化的公司转向个人，实现中心化向去中心化的改变，让数据的控制权牢牢掌握在用户自己手里，不被泄露。

八、大湾区区块链发展环境

以深圳为例，深圳可谓区块链产业生态氛围最浓厚的城市，值得借鉴。主要体现在以下四点：第一，早在 2013 年，深圳就成为了区块链硬件设备的生产和销售中心。据业内统计，全世界有 70%的区块链硬件设备都由深圳华强北制造。深圳强大的电子工业设计与制造能力，帮助了区块链世界有效运转。第二，深圳早已成为我国区块链企业注册数最多的城市。天眼查数据显示，截至 2019 年 8 月，注册地位于深圳且经营范围包含"区块链"的公司共有 3950 家。深圳科技行业的两大巨头腾讯、华为分别在 2017 年 4 月、2018 年 4 月发布了区块链白皮书，开始进军区块链行业。第三，在大量区块链公司的助力下，深圳成为我国区块链技术专利量最多的城市之一。中国区块链生态联盟发布的《2018 年度中国区块链专利报告》显示，2018 年深圳新申请区块链专利达 212 件，仅次于北京，已成为我国第二大区块链专利城市。第四，2018 年 11 月 29 日深圳区块链产业联盟正式成立。该联盟拟搭建政产学研合作交流平台，围绕区块链技术研究、成果转化、应用推广、标准制定、教育培训、检测认证和产业发展等方面，提升联盟成员的研发设计和生产服务水平，构建我国区块链技术产业生态，促进区块链与经济社会各领域的深度融合，积极开展国际合作，提升我国区块链的国际影响力。2019 年以来，大湾区的区块链发展环境优越。

从拆分来看，粤港澳三大区域之间的资本要素、人力资本要素、研究与开发要素发展仍欠缺平衡，各大区域都在竞争以求得更多的发展要素。广东省的优势在于拥有较多的人力资本、研究与开发要素，资本要素较少。开展大湾区建设之后，广东省可借助中国香港的金融优势获得更多的资本，也可与中国香港、中国澳门开展劳务及科研开发合作。中国香港的优势在于发达的金融产业、独立的政策，但人力资本、技术要素较为匮乏，依托大湾区建设，可享受广东省丰富优质的人力资源、技术要素，同时与广东省、中国澳门开展资金合作，更好地发展中国香港区块链产业。

中国澳门的区块链基础较为薄弱，其资本、人力、技术要素均较为匮乏，可与中国香港、广东省开展合作，获得产业发展必需的资源①。

九、大湾区区块链规模状况

2018 年，中国区块链市场从爆发式增长逐渐回归理性增长。整体市场规模达到 6840.7 万元，同比增长 109.4%。2019 年上半年，中国香港的区块链项目融资金额远超国内其他城市，占到了约 41% 的比重，同时也是唯一一个融资金额超过 10 亿元的城市。广州市融资额超过 2 亿元，约占全国区块链项目前十融资总额的 8%。在融资数量方面，北京独占鳌头，有 36 起，是国内发生区块链融资事件最多的城市，占据了全国（包括港澳台）前十榜单中融资数量总数的 50%。上海、深圳、香港和杭州紧随其后，分别发生 9 起、6 起、6 起、4 起融资事件。据统计，全国共有 22 个区块链产业园区，主要集中在华东、华南等地区，其中，浙江省和广东省各有 4 家区块链产业园区，并列全国区块链产业园区数量首位；而从城市分布来看，杭州、广州、上海最多，三大城市区块链产业园数量占比全国 50% 以上。

IDC2019 年发布的《全球半年度区块链支出指南》的报告显示，到 2023 年，中国区块链市场支出规模将达到 20 亿美元。在预测期内，区块链支出将以强劲的速度增长，2018~2023 年复合年增长率为 65.7%。在市场规模上，预测期内美国仍是全球区块链投资最大的区域，占全球支出的比重为 39%；随后依次为西欧、中国、亚太（不含中国和日本）和中东欧。从市场规模来看，首先，银行业仍是中国区块链支出的第一大行业；其次，离散制造、零售、专业服务和流程制造行业。前五大行业区块链支出占全部支出的比重达到 73.0%，行业分布较为集中。

从区块链平台细分领域来看，服务层的占比大幅提升，达到 29.6%，增长了 22.1 个百分点；而基础层与协议层占比有小幅下降，分别达到 42.3% 和 28.1%，但浮动总体趋于平稳。从区块链产品应用结构细分领域来看，2018 年，呈现以供应链领域的应用场景为主，同时存在征信、交易

---

① 趣币. 粤港澳大湾区区块链领域研究报告［R/OL］. 链塔智库，2019-02-27.

清算、电子存证、数字身份四大应用领域并存的产品结构。阿里巴巴和腾讯已经推出区块链电子发票这一具有实质性的区块链落地应用项目，并进一步以此为原点向多领域应用场景辐射，未来发展可期。同时，迅雷链、百度区块链等项目在区块链底层平台方面的用户增量虽然不如前两者，但从技术层面上率先突破百万 TPS 高并发，实现秒级确认，这将打破区块链低 TPS 技术短板，因此，处于市场挑战者地位。

第四节　大湾区高新技术产业发展概况

一、高新技术产业发展规模

从 2018 年全国各省份高新技术企业数量排名来看，广东省占据第一位。高新技术企业数量达到 33356 家之多。再合力大湾区的科研技术、科技资源及金融资源，大湾区的高新技术产业规模庞大。

二、高新技术产业区域分布

大湾区研发经费支出占 GDP 比重达 2.7%，处于国际一流水平，有超过 4 万家高新技术企业、超过 40 万名从事研发的科学家和工程师。《粤港澳大湾区发展规划纲要》的发布，推进了"广州—深圳—中国香港—中国澳门"科技创新走廊建设，探索有利于人才、资本、信息、技术等创新要素跨境流动和区域融通。一直以来，中国香港、中国澳门被认为拥有高校、科研、金融、国际化等方面的优势，广州则有发达的外贸及电子信息产业，深圳拥有完善的科创产业链条，东莞、佛山等地沉淀着雄厚的制造业基础。

2019 年，大湾区高新技术产业仍以深圳为主。在近 30 年时间里，高新技术产业已逐步发展成为深圳经济的第一增长点和第一大支柱产业，深圳正在成为中国高新技术产业化最重要的基地之一和国家创新型城市。深圳高新技术产业已具备相当规模，形成了以电子信息产业为主导的高新技术产业集群，成为全国高新技术成果产业化的重要基地。

根据 2018 年全球创新指数（Global Innovation Index，GII），由中国香港与深圳的创新及科技业组成的深港科技集群是世界第二大科技集群。中国香港的初创企业生态系统蓬勃发展。2016 年，中国香港约有 2000 家初创企业，聘用逾 5000 名雇员。2017 年，初创企业的数量继续增加，增幅为 16%，雇员人数增长 21%。中国香港政府把生物科技、人工智能、智慧城市及金融科技列为具有优势的四大发展范畴，并预期自 2017 年起计的 5 年内，研发开支占本地生产总值的比重将增加 1 倍①。

三、高新技术产业经济地位

随着经济的不断发展，大力发展高新技术产业，优化提升传统产业，已经成为各地的工作重点。发展高科技，实现产业化，既是解决经济发展面临的深层问题，进一步提高国民经济整体素质和综合国力，实现跨越式发展的紧迫要求，也是应对国际竞争的战略抉择。当今世界，科技在经济发展中的作用越来越大，特别是以信息技术为主要标志的高新技术的迅猛发展，使高科技向现实生产力的转化越来越快，高新技术产业在整个经济中的比重不断增加，对经济的拉动作用不断增强。高新技术已经成为增强综合国力和国际竞争力的关键性因素。大力发展高新技术产业是实现经济增长的关键因素，是推动经济增长方式转变的根本途径，促进产业结构的优化和形成新经济增长点的推动力，保障经济、社会可持续发展的根本出路，也是建设经济强市的需要。

四、高技术产业科技金融需求分析

科技金融对高技术产业发展的作用主要体现在直接和间接两个方面。

---

① 中国国际贸易促进委员会驻香港代表处. 香港优势产业 [EB/OL]. 中国国际贸易促进委员会驻香港代表处官网，2019-09-04.

从直接方面来说，科技金融资源作为一种资本投入，给予了高技术产业有效的资金支持。从间接方面来说，科技金融资源除了提供资金支持之外，还包括政府政策支持，引导金融机构和风险投资机构进入，金融机构和风险投资机构可以利用自身优势，参与企业管理，甚至进入决策层，加强对高技术企业的监管，促进企业成长。总之，科技金融资源不仅为高技术产业提供了资金支持，也在提升企业的经营水平上有一定的作用。

科技金融从内涵角度可分为公共科技金融和市场科技金融两个方面。公共科技金融本书以 R&D 内部经费支出中的政府资金来度量公共科技金融；市场科技金融以 R&D 内部经费支出中的其他资金来度量市场科技金融。R&D 内部经费中的其他资金是指去除企业自身投入资金和政府资金后的 R&D 内部经费支出，与市场科技金融的内容范畴基本一致。高技术产业的发展可以通过产业绩效来衡量，而产业绩效又可以通过其盈利能力和成长能力两方面来衡量。本书选取主营业务利润率和总资产收益率来度量其盈利能力，以利润增长率和主营业务收入增长率来度量成长能力。

公共科技金融与市场科技金融对高技术产业的发展都有促进作用，表明政府财政科技投入、优惠政策、金融机构贷款、风险投资都能促进高技术产业的发展。通过回归分析发现，公共科技金融和市场科技金融对高技术产业的发展的作用几乎是齐头并进的，因此，高技术产业的发展既离不开政府的相关支持，也离不开包括金融机构、风投机构等的支持。

第五节　大湾区软件产业发展分析

一、软件产业总体发展概况

2018 年，我国软件产业实现产值 6.3 万亿元，同比增长 14.2%，产业增加值增速保持在 30% 左右，从业人数超过 600 万。我国软件业创新能力持续增强，2018 年重点企业研发投入强度达到 10.4%，研发投入增长 20.4%，软件著作权登记量突破百万件量级，同比增长达 48.2%，一批企业走向世界市场。目前，我国软件产业拥有规模以上软件企业 3.78 万家，从业人数超过 600 万，人均创收 98.07 万元（见图 6-2）。

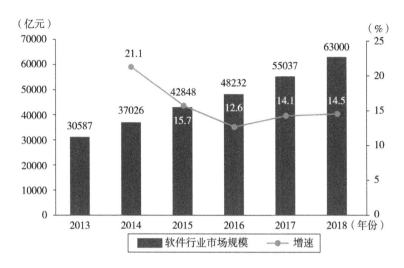

图 6-2　2013～2018 年我国软件行业市场规模

资料来源：中商产业研究院。

2018 年，广东全省软件业务收入首次突破万亿元大关，全行业从业人员超过百万。软件产业的规模已经连续四年位居全国第一；软件著作权登记数 27 万件，占全国 25%，位居全国第一；国际专利申请量（Patent Cooperation Treaty，PCT）2.53 万件，占全国 46%，居全国第一位；上市企业超 600 家；衍生出电子商务、数字媒体、互联网金融、大数据营销、工业互联网等业态，为推动全省传统产业转型升级和经济高质量发展提供了强有力支撑。目前，广东省已形成以广州、深圳两个"中国软件名城"为中心，珠三角地区为主体，辐射带动粤东西北协调发展的产业格局，产业链条完整，产业基础扎实，产业规模领先，企业实力雄厚，对经济社会各领域的支撑带动作用日益明显。

二、软件测试市场发展分析

软件测试是在规定的条件下对程序进行操作，以发现程序错误，衡量软件质量，并对其是否能满足设计要求进行评估的过程。软件测试企业以非外包公为主，其中，传统 IT 企业、互联网企业数量占比超过 50%。软件测试企业在各行业均有占比，但主要分布依旧以通信及互联网、应用软件、金融三大领域为主。

三、软件产业集群发展现状

软件产业是信息产业的核心和灵魂，属于智力密集型的现代服务业，不仅是新世纪发展前景最为宽广的战略性新兴产业之一，也是绿色生态型产业。发展软件产业对于调整产业结构、转变发展方式、拉动经济增长、促进社会稳定具有重要作用。软件业务收入长期保持稳定增长。2018 年，全国软件和信息技术服务业规模以上企业 3.78 万家，累计完成软件业务收入 63061 亿元，同比增长 14.2%。其中，软件产品收入实现较快增长。2018 年，全行业实现软件产品收入 19353 亿元，同比增长 12.1%，占全行业比重为 30.7%。其中，信息安全和工业软件产品实现收入 1698 亿元和 1477 亿元，分别增长 14.8% 和 14.2%，为支撑信息系统安全和工业领域的自主可控发展发挥重要作用，盈利能力稳步提升。经初步统计，2018 年软件和信息技术服务业实现利润总额 8079 亿元，同比增长 9.7%；行业人均创造业务收入 98.07 万元，同比增长 9.9%，高质量发展成效初显。此外，软件业呈现东部地区稳步发展，中西部地区加快增长的特点。2018 年，东部地区完成软件业务收入 49795 亿元，同比增长 14.2%，占全国软件业的比重为 79.0%。中部和西部地区完成软件业务收入为 3163 亿元和 7189 亿元，分别增长 19.2% 和 16.2%。

四、软件产业科技金融服务需求前景分析

电子信息产业作为高新技术产业群的主要组成部分，是带动其他高新技术产业发展的龙头产业。无论是宇航卫星通信、生物工程、海洋开发、光纤通信、新材料工业、新能源产业还是新兴服务业，都离不开具有核心地位和先导作用的电子信息产业作为其应用开发的突破口和带头部门。电

子信息技术在传统产业部门的应用，会大幅度地提高其产出量，生产成本明显降低。电子信息产业具有很强的渗透效应，即通过电子信息产品和信息技术在其他产业中的应用，通过对传统产业的技术改造，增加了这些产业的生产率。电子信息产业主要是通过信息技术极强的渗透性和信息资源极广的应用性及两者相结合形成的信息网络来进行的，而电子信息产业在对其他产业的服务过程中，无论是对农业、工业和第三产业等产业的改造、升级和集约化发展，都有着不可估量的作用。随着电子信息产业的发展，电子信息产业科技金融服务需求前景较为广阔。

尽管世界经济下行和我国制造业转型都将会给软件产业带来较大压力，但在《中国制造 2025》、"互联网+"行动计划等利好政策的引导下也将迎来难得的发展机遇。随着软件服务业的发展，全国及粤港澳大湾区软件产业科技金融服务的市场需求将大大增加。

1. 云计算、大数据等进入新应用拓展阶段

随着云计算模式逐步得到市场认可，云服务进入政府及更多大型行业用户，传统的 IT 架构模式正在向"云+端"的模式转变，云平台将成为未来信息服务架构的核心，进而引发一系列信息技术革命，推动信息技术产业进入一个新的时代。在大数据领域，《"互联网+"行动计划》的推出将推动大数据在医疗、交通、教育等领域的应用，个性化需求将更为突出，开源将成为信息技术创新的主流模式。

2. "互联网+"推动软件加快创新

随着互联网加速从生活工具向生产要素转变，"互联网+"从第三产业逐步向第一和第二产业扩散和渗透，成为重塑经济形态、重构创新体系、推动经济转型的新动力，并上升为国家战略。软件是"互联网+"的重要支撑和核心，"互联网+"的演进和发展对软件技术不断提出新的挑战和要求，要求软件加快创新发展，更好地发挥在"互联网+"战略中的核心支撑作用。

3. 智能制造将推动软件服务市场爆发式增长

由于国内先进轨道交通、航空航天、能源电力、装备制造等重点行业转型升级步伐加快，因此，制造业智能化、服务化趋势凸显，对国内工业软件发展带动效应十分明显。同时，生产调度和过程控制类工业软件市场受益于多地实施自动化生产技术改造、机器换人等措施，市场规模和行业

关注度将快速提升。未来随着中国制造业升级的相关政策实施，围绕智能制造的软件服务市场将爆发式增长。

第六节　大湾区电子信息发展分析

一、电子信息产业总体发展情况

2018 年，全国规模以上电子信息制造业营业收入实现 10.77 万亿元，占工业的 10.3%；其中，广东省规模以上电子信息制造业实现 3.88 万亿元，占全国的 36.0%，占全省工业的 28.6%，产业规模连续 28 年居全国首位；深圳电子信息产业规模约占全国 1/6，领跑全国（见图 6-3）。

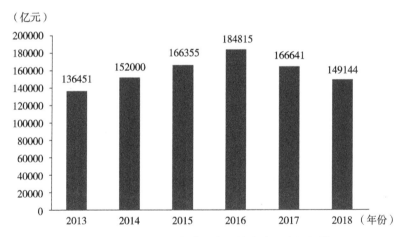

（亿元）

图 6-3　2013～2018 年我国电子信息产业市场规模

资料来源：中商产业研究院。

广东省数字产业基础雄厚，电子信息制造业、软件和信息技术服务业、电信业、互联网相关产业等规模全国领先，具体而言，2018 年广东全省电子信息制造业产值达 3.86 万亿元，软件业务收入也首次突破万亿元。在 2019 年中央经济工作会议和政府工作报告中都对电子信息产业发展提出了更多、更高要求，工信部将大力推动电子信息产业链建设，完善产业链条，打造产业生态，全面提升产业发展水平；同时，还将注重电子信息产品和服务的高质量供给，提升产业价值链，打造新兴增长极。2019 年是大湾区建设的关键一年，在电子信息产业发展方面，大湾区发挥深圳的核心引擎和辐射带动作用，落实"互联网+"、大数据战略、网络强国等战略，推动电子信息产业经济高质量发展。

截至 2018 年末，我国电子信息行业产业规模已达到 22 万亿元，年均复合增长率为 13.7%。Wind 数据显示，深市电子、计算机行业上市公司分别有 178 家和 168 家，公司数量在深市所有行业中排名第四、第五位，公司数量合计占比达 16%；而上述行业的估值也处于较高水平，市值分别为 2.12 万亿元和 1.4 万亿元，居深市行业第二位和第三位，市值合计占比达 18%。电子行业上市公司营业总收入为 1.08 万亿元，居深市行业第一位；计算机行业上市公司营业总收入 4837 亿元，居深市行业第十位。在两个行业中民营企业共 244 家，占比近 71%。深圳是我国的创新高地，全国 1/10 的人工智能企业在深圳落户，越来越多的人工智能新技术在深圳得到应用，电子信息产业也成为深圳重要的支柱产业，发展迅速。

从产业生态构建来看，大湾区内电子信息产业门类齐全，城市间差异发展格局初步成型。广东省电子信息产业规模连续近 30 年居全国首位。广州市围绕新型显示，加大面板产线引进和布局，打造超高清视频产业集群。深圳市以高端制造、智能制造为牵引，重点发展通用核心芯片、基础软件、高端集成电路等。东莞市着力打造智能终端制造基地，拥有华为、OPPO、vivo 三大手机企业。惠州具备较为完整的智能手机、平板显示、汽车电子、LED 和新能源电池产业链。珠海市在打印机、智能卡、印刷线路板、多媒体播放器芯片等产品领域具备较大市场份额。中国香港在视频生产和数字内容资源方面具备优势。

二、电子信息产业集群发展情况

从发展要素集聚来看，大湾区在科技金融、研发创新、物流、人才等方面资源优势较为突出。在科技金融方面，中国香港是全球重要的金融中心和贸易自由港，为科技创新企业提供了较低的融资门槛。深交所创业板为大量创业型高科技企业提供了便捷的融资渠道。在研发创新方面，深圳市拥有华为、中兴、腾讯、大疆等电子信息龙头企业的研发总部。深圳市2018年PCT国际专利申请量18081件，约占全国申请总量的34.8%，连续15年居全国大中城市第一。广州市加快推进制造业创新中心建设，在印刷与柔性显示、高世代面板等领域全国领先。在物流方面，中国香港是全球最大的集成电路出口地，2017年电子产品占其总出口额的66.2%。港珠澳大桥和连接珠江口东西岸多座跨江跨海大桥相继通车，促进湾区内"一小时经济圈"构建，同时为外向型出口经济带来更多便利。在人才方面，中国香港科技大学、中国香港理工大学等高校在电子信息领域的科研水平位居世界前列，华南理工大学、中山大学及清华、北大深圳研究生院等培养了大批电子信息专业人才。广州、深圳、惠州等地陆续出台了一系列高端人才引进政策，构筑智力要素集聚高地。

从全球影响力提升来看，粤港澳大湾区在成长潜力、行业带动和创新活力方面初显规模优势。在成长潜力方面，大湾区在5G、人工智能、超高清视频、无人系统等电子信息新兴领域位于全国乃至全球领先地位。深圳市无人机行业产值达300亿元，占全球民用无人机市场70%以上。广州、惠州、佛山、珠海、中山等市在全国率先开展超高清视频产业基地和应用示范城市建设，形成示范引领和辐射带动作用。深圳鹏程实验室等在人工智能科技成果转化方面取得显著成效。在行业带动方面，信息技术赋能汽车、装备制造等传统行业，开拓了经济发展新动能。广州市以智能网联汽车、新能源汽车为突破口，助力千亿元级汽车产业集群建设。在创新活力方面，世界知识产权组织发布的"2018年全球创新指数报告"显示，深圳—香港地区在全球"最佳科技集群"排名中位居第二，仅次于东京—横滨地区。2018年，我国发明专利授权量排名前十位的企业，半数是大湾区的电子信息企业。

三、电子信息产业发展趋势分析

我国电子信息产业持续快速发展，产业结构不断优化，产业实力不断增强，有力地推动了我国新型工业化、信息化、城镇化、农业现代化进程。同时，自 2019 年以来，我国电子信息产业发展下行压力明显加大，凸显了我国电子信息产业创新发展的短板和不足。大湾区电子信息产业也不可避免地受到世界经济大环境的影响。未来电子信息行业将走向更高层次的发展方向。大湾区将响应工业和信息化部从以下五个方面加快推动电子信息产业实现更高层次发展。

一是加大关键核心技术攻关，充分发挥国家集成电路、信息光电子、智能传感器、数字化设计与制造等制造业创新中心的作用，以企业为主体，着力补齐产业发展短板，增强自主创新能力。二是加快新一代信息基础设施建设。加快 5G 标准制定、产品研发、技术试验和网络建设，积极推进 IPv6 规模部署，实施好工业互联网和车联网发展行动计划，支撑推动大数据、云计算、人工智能等新一代信息技术产业发展。三是深入推进新一代信息技术创新应用。支持超高清视频、可穿戴设备、智能服务机器人等产品创新，制定实施制造业数字化转型三年行动计划，推动新一代信息技术与制造业深度融合。培育造就一批具有核心竞争力的创新型企业。四是不断优化产业发展环境。深入推进"放管服"改革，进一步完善财税支持政策，降低制度性交易成本。深化产融合作，加大金融对电子信息产业的支持力度。加快集成电路、大数据、人工智能等领域高端人才的引进和培养。五是着力提升开放发展水平。深化 5G、人工智能、数字经济等领域国际合作，积极打造良好产业生态，推动出口市场多元化，增强供应链、产业链弹性，以高水平开放合作推动产业高质量发展，为电子信息产业发展打开全新的机遇窗口，也为促进企业创新，努力打造国际领先的创新中心奠定基础。

四、电子信息产业的科技金融服务需求

电子信息产业作为高新技术产业群的主要组成部分，是带动其他高新技术产业发展的龙头产业。无论是宇航卫星通信、生物工程、海洋开发、光纤通信、新材料工业、新能源产业还是新兴服务业，都离不开具有核心地位和先导作用的电子信息产业作为其应用开发的突破口和带头部门。电子信息技术在传统产业部门的应用，会大幅度地提高其产出量，生产成本

明显降低。电子信息产业具有很强的渗透效应，即通过电子信息产品和信息技术在其他产业中的应用，通过对传统产业的技术改造，增加了产业的生产率。电子信息产业主要是通过信息技术极强的渗透性和信息资源极广的应用性及两者相结合形成的信息网络来进行的，而电子信息产业在对其他产业的服务过程中，无论是对农业、工业和第三产业等产业的改造、升级和集约化发展，都有着不可估量的作用。随着电子信息产业的发展，电子信息产业科技金融服务需求前景较为广阔。

第七节　大湾区航空航天产业发展分析

一、航空航天产业总体发展概况

2019 年，中国航空航天行业深度调研显示，我国居民对于民用航空航天市场需求急速增长，而我国自身民用航空航天行业实力不足又无法满足市场需求，造成了供需之间的冲突，所以自我国航空航天行业对外放开以来，国外高新技术产品就迅速占领了我国航空市场，从总体来看，我国航空航天行业发展非常迅速。

当前大湾区共有五大机场，分别为中国香港、白云、深圳、珠海、中国澳门。其中，中国香港、白云两超并立，深圳紧随其后。有数据显示，2018 年粤港澳大湾区旅客吞吐量为 2.15 亿人次，其中，过千万级的机场有中国香港、白云、深圳、珠海分别为 7469 万、6974 万、4935 万、1122 万人。但从国际+地区旅客分布来看，粤港澳机场群 2018 年完成吞吐量 8684 万人，其中，中国香港 5975 万人，白云 1730 万人，深圳 458 万人，中国澳门 520 万人，中国香港占区域内总比重为 69%，白云仅占 20%。

从分布区域来看，中国香港占据粤港澳前往欧美的主力航线。从各机场自身国际及地区线结构看，中国香港相对均衡，数据显示，东南亚占比 31%，日韩占比 21%，中国台湾占比 14%，欧洲占比 10%，美国和加拿大占比9%，大洋洲占比6%。中国澳门仅有东南亚、日韩及中国台湾航线，分别占50%、20%及30%。广州、深圳的东南亚航线占比偏高，广州白云机场占比51%，深圳则更是高达60%；欧美线分别为13%及11%。[1]

二、航空航天科技研发与转化情况

信息科技是科技创新的第一大产业，在航空航天技术研发与成果转化方面承担着重要作用。2019年，世界航空航天巨头空中客车与深圳市正式签约战略合作协议，将以深圳为代表开展城市飞行试点。这一消息的公布释放了一个重要信号，航空事业将成为在信息技术影响下的交通运输改革的先行棋。自航空航天科学技术形成以来，一直吸取基础科学和其他应用科学领域的最新成就，高度综合了工程技术的最新成果，并引领许多学科专业的发展，甚至促成某些专业的形成，同时它作为国家大力扶持的行业，将对其他行业的智能化发展产生一定的积极影响。

《粤港澳大湾区发展规划纲要》表明，要在粤港澳大湾区内打造国际科技创新中心和培养国际合作新优势，这为该区域的航空科技的研发与转化提供了良好的平台，同时国际科技人才与贸易的频繁往来也加大了未来航空的市场需求。航空事业未来的潜力是不可估量的，尤其是粤港澳区域，而航空人才不仅是航空事业和航空科研技术长足稳定发展的关键因素，也是航空航天科技研究与转化的重要推动力量。《深圳市促进科技成果转移转化实施方案》指出，建设深港科技成果转移转化国家示范区，充分利用前海和关于建立更紧密经贸关系的安排（Closer Economic Partnership Arrangement，CEPA）政策，集聚深港成果、人才、资本、平台、服务等创新资源，打造符合国际惯例的深港科技成果转移转化国家示范区；探索建立深港科技成果转移转化合作统筹协调机制，建立成果转化联席会议机制，推动深港科技成果对接与合作，形成可复制、可推广的经验与模式。当前，粤港澳大湾区的航空航天的技术领域在全国较为领先，但在助力氢能源、航天医学等绿色航天技术在民用领域的应用转化仍具有研发转化空间。

---

[1] 数据参考观研天下发布的《2019年中国航空航天行业分析报告——产业供需现状与发展动向研究》。

电子技术、自动控制、计算机与航空航天密切相关。这些技术应用于飞行器的通信、导航、制导、控制、侦察、预警、遥感等方面,大大提高了飞行器的性能。在飞机上应用先进的微电子技术、自动控制和计算机技术,使飞机实现了主动控制和机载电子系统小型化、综合化、数字化,提高了飞机的机动飞行、目标捕获、识别和跟踪、自动火力控制及全天候飞行等能力。在火箭上采用高精度惯性器件、先进的计算机和制导方法,使火箭的制导精度有了很大的提高。航天器采用多变量控制、最优控制等先进控制技术和计算机,使航天器能够完成复杂的姿态控制、轨道控制等任务。航空技术将运用微电子技术、计算机、新材料、新工艺和新能源来发展性能更优良的产品扩大应用范围。航空器将进一步向一体化、综合化、信息化的方向发展。新动力、新气动布局、新材料、新技术的应用将大大改善飞机的性能。各类技术研发能力及资源在粤港澳大湾区集聚,为航天航空的研发成果转化提供了优质资源。

三、航空航天器制造业总体经营情况

航天装备平稳增长,航天防务建设有望构成业绩催化。目前,航天板块仍有大量资产在上市公司体外,资产注入预期构成航天板块主要投资逻辑。在航天装备板块中,仅有中国卫星、航天电子、航天电器、航天发展这四家上市公司拥有核心军品业务。2018 年,这四家公司实现营收 274.6 亿元,同比增长 7.52%;归母净利润 16.82 亿元,同比增长 10.11%;2019 年第一季度这四家公司实现营收 54.51 亿元,同比增长 9.99%;归母净利润 3.32 亿元,同比增长 11.65%。随着"十三五"末期航天重大工程推进和火箭军装备建设,航天装备板块将有望迎来快速发展期。

四、航空航天产业集群发展现状

2019 年《粤港澳大湾区发展规划纲要》显示,在加快基础设施互联互通方面将建设世界级机场群。巩固提升中国香港国际航空枢纽地位,强化航空管理培训中心功能,提升广州和深圳机场国际枢纽竞争力,增强澳门、珠海等机场功能,推进大湾区机场错位发展和良性互动。

目前，大湾区内拥有七个运输机场（中国香港机场、中国澳门机场、广州白云机场、深圳宝安机场、珠海金湾机场、惠州平潭机场和佛山沙堤机场），其中，包括三个具备国际影响力的枢纽机场（广州白云机场、深圳宝安机场和中国香港机场），机场密度为我国之最。

2018年，大湾区五大机场（广州白云机场、深圳宝安机场、珠海金湾机场、中国香港机场、中国澳门机场）旅客吞吐量合计超过2亿人次，货邮吞吐量超过830万吨，运输规模位于全球湾区机场群之首。预计未来大湾区航空产业发展需求强劲，潜力巨大。其中，广东省是我国通用航空的发源地，广东省通航飞行作业时间始终占据国内1/3以上的份额（不含飞行学院），也是目前中国通用航空产业规模较大，产业链较为完善的省份之一。

五、航空航天产业科技金融服务需求

未来十几年是航空航天事业发展的重大战略机遇期。中国的航空航天事业将努力贯彻协调和可持续发展方针，以大力突破核心技术和关键技术为目标；以强化科技基础、增强自主创新能力为重点；以创新体制机制、完善科技创新体系为动力；以凝聚和培育创新型人才为保证，广泛吸纳和采用各有关领域的新技术、新工艺、新材料，实现系统的整体优化，带动科技和产业的跨越发展，初步建成创新型航空航天产业，满足国民经济建设和社会科技进步、和谐发展的需要。预计未来我国航空航天产业科技金融服务需求市场也随着航空航天产业的发展而发展。

第八节　大湾区生物医药产业发展分析

一、生物医药产业总体发展概况

我国生物医药产业正处于质量提升的攻坚期，政策环境不断优化，创

新能力、企业竞争力不断提升，行业发展整体趋好，我国生物医药产业规模已经位居全球第三。从全球生物药物的在研数量来看，我国也位于全球第三。大数据、人工智能等新技术正在向研发和生产环节渗透，有助于快速筛选药物，实现智能化生产，更好地保证产品质量。在国家政策及资本市场的加持下，未来生物医药行业将保持增长的趋势，《"十三五"生物产业发展规划》中明确指出，到 2020 年，实现医药工业销售收入 4.5 万亿元，增加值占全国工业增加值的 3.6%。2018 年，在国内资本市场医疗保健行业上市公司 357 起并购交易中，又以生物制药领域最为突出，数量占医疗保健全行业的 3/5（见图 6-4）。

图 6-4　2013~2018 年我国生物医药行业市场规模及其增速

资料来源：中商产业研究院。

　　大湾区生物医药产业以深圳、广州、珠海、佛山、中山为主要代表，以深圳生物医药集群、广州中医药集群为发展特色。

　　深圳作为大湾区四大中心城市之一、国际科技产业创新中心、中国三大全国性金融中心之一，在生物医药产业领域将发挥尖兵作用。近年来，深圳始终将生物医药作为重点产业方向，产业规模以年均 20% 的增速快速增长，产值已突破 2800 亿元，产业增加值增速达 22.3%，高端生物医学工程、基因测序和生物信息分析等技术跻身世界前沿。深圳坪山区拥有全国首批国家生物产业基地，生物医药产业产值近年保持年均 30% 以上的增速，集聚了 350 余家生物医药企业，已形成了以生物制药、高端医疗器械、生物技术为主体的发展格局，具备全面提速发展的良好产业基础。

截至 2018 年 12 月底，广州市共有药品生产企业 3167 家、医疗器械生产企业 2575 家，整体数量在大湾区内领先。与粤港澳大湾区其他多数城市以医疗器械为主不同，广州的企业中药品企业占比更多，在中药和生物药方面具有较强优势。总体来看，广州市形成以现代中药、化学药和医疗器械为主体，具备干细胞与再生医学、体外诊断产品及检验服务、海洋生物等特色优势，培育生物制药、生物医用材料、精准医疗等领域潜力的产业体系。2018 年，广州医药制造业实现产值 314 亿元，同比增长 8.1%，位居粤港澳大湾区 9 城第一梯队。按照《广州市生物医药产业发展五年行动计划（2017~2021 年）》，生物医药制造业有望成为广州未来在全球引领发展的新领域（见图 6-5）。

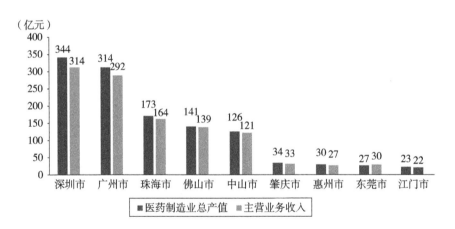

图 6-5　2018 年粤港澳大湾区 9 城医药制造业规模

资料来源：中商产业研究院。

二、生物医药发展趋势分析

1. 高端化科研发展

粤港澳大湾区生物医药产业将向多方合作聚集高端要素，各城市发挥研发技术、劳动力、资本、政策与产业基础的优势，携手加强合作，推动生物医药高端要素集聚，发展生物医药高端技术与创新。2018 年至今，已有中山、澳门与深圳坪山区以及澳门科技大学、香港大学与广东药科大学等联合搭建交流平台、人才交流合作平台与实验室研发合作，合力研发高端生物医药，促进生物医药产学研融合与科研成果转化应用。

2. 市场需求稳定增长

从全球来看，发达经济体医药市场增速回升，新兴医药市场需求旺盛，生物技术药物和化学仿制药在用药结构中比重提高，为我国医药出口带来新的机遇。从国内看，国民经济保持中高速增长，居民可支配收入增加和消费结构升级，健康中国建设稳步推进，医保体系进一步健全，人口老龄化和全面两孩政策实施，都将继续推动医药市场较快增长。

3. 技术进步不断加快

精准医疗、转化医学为新药开发和疾病诊疗提供了全新方向，基于新靶点、新机制和突破性技术的创新药不断出现，肿瘤免疫治疗、细胞治疗等新技术转化步伐加快。医疗器械向智能化、网络化、便携化方向发展，新型材料广泛应用，互联网、健康大数据与医药产品、医疗服务紧密结合，为产业升级发展注入了新动力。

4. 产业政策更加有利

中国制造业升级相关政策将生物医药和高性能医疗器械作为重点发展领域，国家继续把生物医药等战略性新兴产业作为国民经济支柱产业加快培育，"重大新药创制"科技重大专项等科技计划继续实施，将为医药工业创新能力、质量品牌、智能制造和绿色发展水平提升提供有力的政策支持。

5. 行业监管持续强化

药品医疗器械审评审批制度改革全面实施，药品注册分类调整，注册标准提高，审评审批速度加快，药品上市许可持有人制度试点，仿制药质量和疗效一致性评价推进，全过程质量监管加强，将促进技术创新、优胜劣汰和产品质量提升。新修订的《环境保护法》实施，环保标准提高和监督检查加强，对医药工业绿色发展提出更高要求。

6. 医改政策不断完善

医药卫生体制改革全面深化，公立医院改革及分级诊疗制度加快推进，市场主导的药品价格形成机制逐步建立，以"双信封"制、直接挂网、价格谈判、定点生产为主的药品分类采购政策全面实施，医保支付标准逐步建立，医保控费及医疗机构综合控费措施推行，对医药工业发展态势和竞争格局将产生深远影响。

三、医药产业科技金融服务需求前景

从总体上来看，"十三五"时期医药工业面临较好的发展机遇。但发达国家依靠技术变革与技术突破正在形成新的竞争优势，其他新兴市场国家已在仿制药国际竞争中赢得先机；前期支撑我国医药工业高速增长的动力正在减弱，各种约束条件不断强化，结构性矛盾进一步凸显，亟须加快增长新旧动能的转换，医药工业持续健康发展仍面临不少困难和挑战。

随着医药行业的发展，我国医药产业科技金融服务也保持着较快的发展步伐。一是行业发展仍将保持较高的增长幅度。医疗器械作为多学科交叉的行业，其产业外延在不断扩大，这将带来新增的领域市场。人口老龄化时代的来临及消费能力的提升，将进一步拉动市场需求，导致行业发展增速较高。与发达国家相比，中国药械比仍然较高，器械成长空间仍然较大。二是市场集中度不断提高。因行业法规日趋完善，监管趋严，各省招标不断启动，国内外市场竞争加剧，最终淘汰一批产品出局。三是国产医疗设备将占据更高的市场比例。在国家自上而下地对国产医疗设备进行扶持及开辟绿色创新通道的背景下，国产医疗设备将在未来的公立医院采购及市场上拥有更多的话语权。而"国产"的概念预计将包括生产地在中国、内资高比例控股、原料采购基于国内等几个要素。四是高值耗材招标降价将成为主流。目前国内已有10省市进行统一的高值耗材招标，而降价自上而下都已逐渐成为主流。特别是国家卫生健康委员会在全国范围内推广耗材招标的"宁波规则"，此举一旦全面推广开来，将对大量企业的利润增长产生巨大影响。五是互联网将成为医疗器械重要销售渠道。移动互联网时代的来临，将让更多的家用医疗器械通过互联网进行销售，电商渠道销售的比例将不断增加，但电商渠道的利润率近期内还是难以得到有效保障。随着生物医药、医疗器械等行业的发展，其对科技金融服务的需求将不断提升。

第七章
大湾区科技金融服务主体分析

第一节　大湾区非银行金融机构科技类投融资规模及投资领域

一、科技类基金投资

截至 2018 年 12 月底，中国证券投资基金业协会已登记私募基金管理人 24448 家，2017 年同期为 22446 家。已备案私募基金 74642 只，管理基金规模 12.78 万亿元（运作中产品），较 2017 年同期的 11.10 万亿元增加 15.14%。从私募基金公司业绩榜来看，收益排名前 3 只的产品平均回报均超过 40%。从前 20 名私募公司所在地区来看，集中在上广深、浙江。私募股权、创业投资基金管理人 14537 家，较 2017 年末增加 1584 家，增长 12.23%；管理私募基金 34713 只，较 2017 年末增加 6738 只，增长 24.09%；管理基金规模 8.91 万亿元，较 2017 年末增加 1.67 万亿元，增长 23.09%。

私募股权、创业投资基金作为重要的直接融资渠道和资本金形成工具，已成为早期中小企业、高新技术企业及初创科技型企业重要的孵化器。截至 2018 年末，在私募股权、创业投资基金所投案例中，属于中小企业的案例数量 50294 个，在投金额 1.57 万亿元；属于高新技术企业的案例数 24735 个，在投金额 1.04 万亿元；属于初创科技型企业的案例数 7111

个，在投金额 1004.91 亿元。其中，在创业投资基金所投案例中，属于中小企业的案例数量和在投金额占比分别达 78.42% 和 54.56%；属于高新技术企业的案例数量和在投金额占比分别为 35.52% 和 37.95%；属于初创科技型企业的案例数量和在投金额占比分别为 15.11% 和 8.89%，体现出创业投资投早投小、孵化创新的重要作用。

从投资地域来看，截至 2018 年末，从私募股权、创业投资基金投资案例地域分布来看，案例数量排名前五的地区为北京、广东、上海、浙江和江苏，合计 52719 个，占案例总数量的 69.99%；投资案例在投金额排名前五的地区为北京、广东、上海、江苏和浙江，合计 28853.81 亿元，占案例在投金额总数的 52.94%。私募股权、创业投资基金投资案例数量排名前五的行业为"计算机运用""资本品""医疗器械与服务""医药生物"和"原材料"，合计 44509 个，占投资案例总数量的 59.09%；"资本品""计算机运用""其他金融"和"交通运输"行业投资案例在投金额排名靠前，在投金额分别为 8376.37 亿元、5608.59 亿元、4496.81 亿元和 3927.20 亿元。

2019 年上半年，我国私募股权市场（Private Equity，PE）投资金额为 4864.25 亿元，同比下滑 36.1%，与风险投资（Venture Capital，VC）不同，私募股权投资主要集中在制造业、汽车行业等相对稳定的领域，其中，制造业投资金额占比为 15.59%，汽车行业投资金额占比为 10.81%。2019 年上半年，北京、上海、深圳投资案例数和投资金额仍名列前三，大湾区建设将持续为区域经济注入活力（见图 7-1）。

二、科技类债券融资

我国债券市场从零起步，发展至今已成为世界第三、亚洲第二，尤其是公司信用债达到世界第二。近年来，中国债券市场在宏观调控、降低社会融资成本、结构调整以及金融改革等方面发挥了越来越重要的作用。中国人民银行数据显示，2018 年，全国累计发行各类债券约 43.1 万亿元，同比多发行约 3 万亿元。2018 年末，国内各类债券余额约为 86 万亿元，同比增长 15.1%（见图 7-2）。

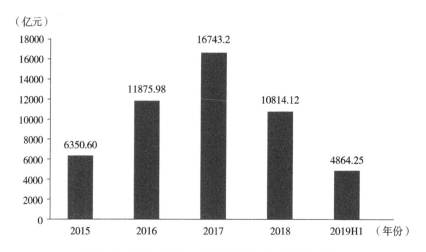

图7-1 2015~2019 年我国私募股权市场募集金额

资料来源：中商产业研究院。

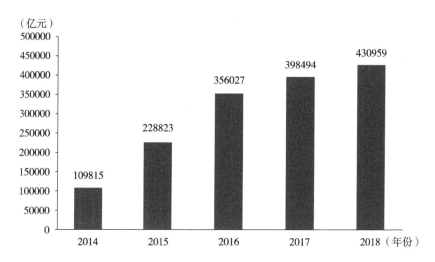

图7-2 2014~2018 年全国各类债券发行规模

资料来源：中国人民银行。

按照国家战略性新兴产业相关发展规划，中国制造业升级，大众创业、万众创新等政策文件，创新创业公司是指从事高新技术产品研发、生产及服务，或具有创新业态、创新商业模式的中心型企业。2018 年，在我国公司债创新品种中，创新创业债券融资规模 30.2 亿元，数量为 8 只，是规模相对较小，数量较少的领域。

2018 年广东省企业债券发行规模为 91.2 亿元，同比下降 10.6%。科技类债券融资规模也相应较小。

三、科技类证券融资

2018 年，首次公开募股（Initial Public Offerings，IPO）Ⅰ企业四成来自粤港澳大湾区，一线城市强者恒强。尽管 2018 年中国 IPO 企业数量减半，但并未改变 IPO 的区域格局。据统计，以 IPO 企业总部计，中国香港、广东、上海、北京、江苏、浙江依然为中国 IPO 最为活跃的地区，2018 年上市企业均超过 20 家。其中，中国香港以 91 家位居榜首，广东、上海紧随其后，分别为 47 家与 41 家。此外，140 家 IPO 企业来自大湾区，占比达 43%。其中，深圳 24 家、广州 11 家。

截至 2019 年 9 月 2 日，作为经济规模总量已超 10 万亿元的世界级湾区，粤港澳大湾区的 A 股上市公司达 533 家，占 A 股上市公司总数的 14.5%。2019 年上半年，粤港澳大湾区的 A 股上市公司合计实现营业收入 3.1 万亿元，同比增长 10.87%。归属母公司股东的净利润合计 3467.32 亿元，同比增长 26.94%，创造的净利润占整个 A 股市场的 16.2%。净利润增速大大超过了营收增速，同时也超过了 A 股上市公司 7.2% 的净利增速，体现了粤港澳大湾区企业的高质量发展。

在 533 家大湾区上市公司中，73.9% 的公司分布在广州和深圳两个一线城市。其中，深圳公司最多，有 292 家，占比 54.78%。排名第二的是广州，有 102 家，占比 19.13%。从行业来看，深圳以电子、计算机为主，分别有 62 家、33 家上市公司。广州以医药生物、计算机行业为主，分别有 11 家、10 家上市公司。从整个湾区 A 股上市公司行业来看，仍然是电子、计算机、医药生物等新兴行业最多，属于这三个行业的共有 180 家公司，占比超三成。在营收方面，首先非银金融、电子、房地产、家用电器、银行、交通运输、医药生物、汽车八个行业超千亿元。其中，非银金融行业的营收最高，达 6983.47 亿元。净利润最高的依然是非银金融行业，为 1163.49 亿元，其次是银行业 660.15 亿元，房地产行业以 397.7 亿元占据第三。总体来看，大湾区 A 股上市公司主要集中在电子、计算机、医药生物、机械设备、通信五大行业，企业数量多，营业收入高；占比最多的是电子行业，达到 95 家，其中半导体、光电子、LED 等高科技企业又占了大多数。

相关数据显示，在深交所上市的大湾区企业在研发投入方面，比深市整体的平均水平高出 50%。在深市上市企业中有 70% 是高新技术企业、40% 属于战略性新兴产业企业，而大湾区广东 9 市在深圳上市的企业中，高新技术企业占比达 80%，战略性新兴产业企业达 50%，均高于市场平均水平。可以看出，大湾区科技类证券融资及投研需求庞大，而大湾区优越的金融基础为其发展提供了有力保障（见表 7-1）。

表 7-1　粤港澳大湾区 A 股上市公司行业分布

所属行业	上市公司数量（家）	营业收入（亿元）	归母净利润（亿元）
电子	95	4443.2	212.9
计算机	47	925.6	33.5
医药生物	38	1337.6	127.7
机械设备	36	643.3	27.8
化工	30	417.4	21.6
通信	28	714.1	22.0
房地产	25	3287.3	397.7
电气设备	25	317.2	19.4
建筑装饰	25	396.0	4.8
交通运输	24	2030.7	123.8
轻工制造	22	374.3	34.7
传媒	22	305.8	22.5
公用事业	18	876.8	98.2
家用电器	16	3234.2	321.3
汽车	13	1018.4	67.3
非银金融	11	6983.5	1163.5

续表

所属行业	上市公司数量（家）	营业收入（亿元）	归母净利润（亿元）
纺织服装	11	144.7	11.9
商业贸易	10	499.8	12.0
有色金属	8	220.2	11.1
建筑材料	8	146.3	9.8
食品饮料	7	198.3	44.0
农林牧渔	4	237.0	8.7
国防军工	4	105.6	6.6
银行	2	2061.3	660.2
综合	2	72.5	3.0
休闲服务	2	56.9	1.5

资料来源：公开信息整理。

四、科技类风险投资

2018 年，国内创投市场共披露 9609 起投融资事件，较 2017 年减少 25.93%，自 2015 年以来首次少于 10000 起。但全年国内创投市场披露的投资总额再创新高，达 23292 亿元，较 2017 年增加 22.59%（见图 7-3）。

2018 年，中国创投市场投资主要集中在 IT、互联网和生物技术三个行业，投资案例数分别为 974 起、729 起、677 起。从投资金额方面分析，IT 总投资金额为 372.63 亿元人民币，排名第一；互联网行业排名第二，投资金额为 335.03 亿元；生物技术/医疗健康以 323.03 亿元的投资总额排名第三。随着互联网流量红利逐渐消失，互联网未来投资方向将从消费互联网转向产业互联网，例如，"互联网+制造业""互联网+生物医疗行业"等。

2018 年，投资仍主要集中在北京、上海、深圳，三地累计占比近六成，其中，深圳获得投资 508 起，位居第三，投资金额为 205.36 亿元。大湾区创投案例 805 起，投资金额 354.92 亿元。

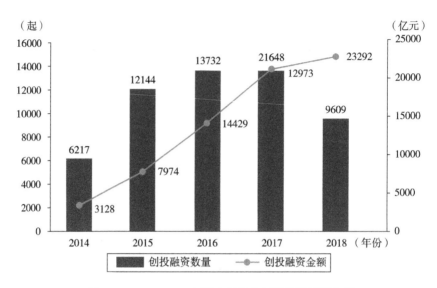

图7-3 2014~2018年国内创投市场融资数量及金额

资料来源：根据公开信息整理。

2019上半年，我国创投市场（VC）投资金额为232.04亿美元，同比下滑54.5%，投资仍主要集中于健康医疗、互联网、IT及信息化、人工智能等新兴领域，其中，医疗健康领域投资金额占比达到16.32%，互联网领域投资金额占比为13.09%，IT及信息化12.81%，人工智能11.47%。

第二节 大湾区银行科技贷款发展情况

一、商业银行科技贷款产品类型

作为中国开放程度最高、经济活力最强的区域之一，大湾区承载着对整个中国经济未来图景的想象和期望。大湾区的金融逻辑在于以创新的金融业态支撑创新产品，以完善的金融业态匹配不同的金融服务对象。

2018年3月，科技部、中国工商银行联合印发关于加强科技金融合作的通知，双方就加强科技金融合作支持科技成果转化和产业化，从建立合作机制来看，既对科技企业、重大科技创新项目、科技园区金融服务，又对科技企业金融产品和服务创新、科技企业投融资技术评估、政策引导和联动等多方面进行了工作部署。5 月，中国工商银行科创企业金融服务中心在深圳正式成立。中国工商银行科创企业金融服务中心旨在通过专营机构协同银行内外资源，开展面向科技创新企业的专业化服务，探索专业化产品创新和投融资评审体系，带动中国工商银行对科技金融市场的整体服务能力。同时，该中心还将通过打造政府机构联盟、创投机构联盟、产业资源联盟以及资本市场联盟充分整合资源，探索新模式，全面推动和促进科技金融的发展。

中国农业银行科创贷是向纳入各级政府风险补偿基金支持范围的科技型中小企业发放的各类本外币信用总称，包括贷款、贸易融资、票据承兑、贴现、保理、承诺、信用证、保函等表内外融资业务，主要满足科技型中小企业在技术转化和产业化过程中的融资需求。

中国建设银行科技企业发展贷款是向承担科技成果产业化实施的科技型企业法人发放的用于新兴领域成熟科技成果转化和市场推广、传统产业技术改造升级的贷款，适用于大中型科技企业法人。

东莞银行不断强化科技金融产品研发，针对科技企业轻资产、重技术的特点，持续迭代更新推出"高企信用贷""科保贷""科技数据贷"等以信用担保方式为主的科技金融专属产品，形成了覆盖科技企业的全生命周期和不同成长阶段的科技金融产品体系，全力扶持科技企业快速成长。

南海农商银行着力打造科技金融综合服务品牌"高科金融"，推动科技金融业务高速发展。"高科金融"将围绕政府产业引导政策方向，积极创新产品、服务，为当地科技企业发展壮大提供金融支持，为地区经济提质增效提供金融引擎。

广发银行利用其在中国澳门开设分行的优势，一方面，大力开展"e 秒票据"、本外币融资、债券承销、跨境同业业务等，助力客户资金高速运转；另一方面，中国澳门分行推出粤澳商事登记银政通服务、"E 行卡"、全澳首发的"移动支付"等为中国澳门市民提供更多优质、便利和优惠的服务。

珠海华润银行为贯彻落实市委市政府决策部署，已与深圳高新投联合中债信用增进公司、交通银行深圳分行、国信证券等机构，共同签署了《支持深圳民营企业债券融资战略合作协议》，为符合大湾区建设的企业提供债券融资支持。

浦发银行与硅谷银行合资建立的浦发硅谷银行南下深圳设立分行，正是看中粤港澳大湾区的科创潜力。

二、政策性银行科技贷款规模

2019 年 10 月，中国农业发展银行成功定价发行境外 3 年期、5 年期固息人民币债券，金额合计 55 亿元，发行利率为 3.18%，将在中国香港交易所、中华（澳门）金融资产交易股份有限公司（MOX）、卢森堡证券交易所、伦敦证券交易所、中欧国际交易所五地上市；成为国内首笔政策性银行"粤港澳大湾区"主题绿色金融债券。2019 年以来，为深入学习贯彻落实《粤港澳大湾区发展规划纲要》精神，进一步加大农业政策性金融对粤港澳大湾区建设的支持力度，农发行于年初率先出台了《关于支持粤港澳大湾区建设的意见》，并细化 40 条落实措施，2019 年前三季度累计向粤港澳大湾区域投放贷款 296.66 亿元，贷款余额 927.08 亿元，比年初增加 127.38 亿元。此次发行"粤港澳大湾区"主题绿色金融债券，是农发行将支持粤港澳大湾区建设与绿色信贷有机融合的成功探索，不仅充分体现了农发行全力履行好支持"三农"和服务国家战略的政策性银行职责，并将有效推动粤港澳大湾区的绿色金融合作及低碳绿色发展。

截至 2019 年 6 月末，中国进出口银行广东分行粤港澳大湾区贷款余额 772 亿元，较年初增长 27.37%，占分行全部贷款余额的 75.47%。在贷款投向上，90% 以上贷款投向制造业、交通运输行业和电力、热力、燃气及水的生产和供应业及境外投资。从总体来看，目前中国进出口银行在粤港澳大湾区方面的贷款主要有四大投向，一是推动制造业高质量发展，构建现代产业体系，推动先进制造业和现代服务业深度融合，培育壮大战略性新兴产业，构建具有国际竞争力的现代产业体系；二是支持湾区外向型基础设施互联互通建设，服务粤港澳大湾区对外开放与外向型经济建设；三是推进国际科技创新中心，建设协同创新平台，支持高新技术企业吸引和对接全球创新资源；四是加快推进合作发展平台，推动全面对外开放。

国家开发银行对贷款项目的管理已经作出了积极的探索。在贷款投向上，开发银行优先安排国债项目贷款，支持电力、公路、铁路、城建、石油、石化等重点行业和重点企业实现结构调整；继续向中西部倾斜，积极支持国家西部大开发战略的实施；积极支持高科技企业和不同所有制中小企业的发展。

三、银行投贷联动运作模式

1. 按照银行是否参与投资来分类

可以分为"只贷不投"模式和"边贷边投"模式。一是"只贷不投"模式。"只贷不投"是指商业银行通过与创业投资、股权投资机构合作，由 VC/PE 对企业进行股权投资，商业银行则只对企业提供信贷支持。根据合作机构性质的不同，该模式又可分为政府合作模式和商业合作模式。政府合作模式是指商业银行与政府发起的创业投资基金合作，对基金已投资或有投资意向的企业提供信贷支持，同时由政府主导的专项风险准备基金或者融资担保基金，按照一定比例提供风险分担和潜在损失补偿。商业合作模式则是商业银行与商业性的 VC/PE 合作，共同开发目标客户，并以"股权+债权"模式为客户提供融资支持。这一模式为业内长期以来较为典型的投贷联动模式。二是"边贷边投"模式。"边贷边投"是指商业银行在对初创期企业提供传统信贷支持的同时，通过第三方机构（代持机构）代为持有借款企业一定比例的股权或认股权证，从而以潜在的股权投资收益作为一种信用风险缓释手段。根据代持机构性质的不同，该模式又可分为关联方代持和外部人代持。关联方一般为银行集团内企业或股东关联企业。代持机构在认股权证的投资收益实现环节，目前主要有借款企业管理层回购、认股权证转让、行权后卖出三种方式。商业银行在收益确认环节，主要通过与代持机构事先签订协议，由代持机构按一定费率以支付财务顾问费等形式转回，银行再以中间业务收入进行记账处理。

2. 按照银行投贷联动业务形式来分类

主要分为选择权贷款模式、"基金+贷款"模式、股权直投模式、"挂牌贷"模式、"上市贷"模式五种主要模式。一是选择权贷款模式。银行在对客户提供贷款的同时，由借款人及其股东通过特定的约定和安排，向银行赋予一项权利。根据该项选择权，银行指定的投资机构可在约定的未来一段时间内，以约定价格受让借款人约定数量股权，或通过增资扩股获得企业相应股权。待借款企业公开上市后，投资机构择机抛售股权，银行机构与投资机构按约定比例分享股权溢价收益。二是"基金+贷款"模式。在这种模式下，商业银行通过发行理财计划等形式参与设立产业投资基金，同时对产业基金所投企业提供贷款融资。三是股权直投模式。国家开发银行于 2009 年获得国内银行业唯一人民币股权投资牌照，依托其全资子公司——国开金融有限责任公司开展人民币股权投资。获得国开金融直接投资的企业，可以优先向国开行申请贷款。还有就是"挂牌贷"模式、"上市贷"模式。这两种模式主要针对通过或拟通过上市（挂牌新三板）实现股权融资的高新技术企业，给予债权融资支持。

四、"投贷联动"机制的风险防范

1. 制定园区平台准入评价体制

首先，对产业园区及园区内所进驻的科技型创新企业进行筛选。银行要从宏观、中观和微观的角度调查有关企业项目，调查内容包括产业政策、法律法规、行业竞争、核心技术、产品市场等及企业管理、财务、资产、人资管理等内容。商业银行调查方式可以采用访谈企业领导层、向企业员工询问以获得内部信息，也可以听取风投机构、券商、会计师和律师的意见及客户和供应商、园区内其他企业的意见等。其次，在园区内 70%以上的高科技企业发展前景良好基础上，商业银行继续对高科技产业园区平台进行评价。这既涉及园区的外部创业环境，例如，道路交通、供水供电等基础设施及住宿、餐饮、商场、医院等配套设施，也包括政府的税收、地价等配套政策环境及园区的内部管理模式与盈利能力等。在具体的评价中，对园区经营管理人员的考察侧重于管理者经营高科技园区的经验如何，在管理过程中是否有过成功的历史等。银行可以要求园区管理者提供明确的业务计划、简明的行政管理纲要、具体的市场战略、未来的战略规划、领导层管理背景等情况。

2. 建立园区平台担保体制

为了降低风险，商业银行可要求园区平台提供灵活多样的抵押担保。产业园区可将拥有的写字楼、住宅楼等物业不动产作为担保物。如果产业园区抵押物不足，可以由园区内企业进行辅助担保：在产品开发阶段，可以用专利或知识产权作为抵押，如不能按时还贷，那么技术专利出售款，银行有优先受偿权；在产品进入市场后，应收账款可以替代知识产权作为抵押。

3. 设置"防火墙"隔离体制

首先，资金管理是隔离投贷联动模式风险的关键环节，应该限制资金在银行内的无限制流动，通过设立"资金防火墙"，即制定统一的交易体系，限制信贷资金与投贷联动业务资金的交易范围，同时明确资金使用渠道，对投贷联动的参与资金实行封闭式管理。其次，强调信息相对独立，设置"信息防火墙"，避免信息在银行内部滥用，这实际上是一种信息隔离制度。

4. 设立投贷后风险预警体制

风险预警体制的基础是建立完善的风险预警数据库，应囊括行业竞争状况、市场前景等宏观经济信息，也包括园区内企业的财务状况、员工状况、经营情况、管理能力、有无违法违规等微观经济信息，以便及时反馈风险预警信号。

第三节　大湾区科技金融租赁服务分析

一、科技金融租赁的定义

作为融资租赁中的一个分支，区别于传统的船舶、飞机等大型设备租赁，科技租赁是指以科技型企业的需求为导向，专门为科技型企业服务的，根据其"三高一轻"的特性和处于不同发展阶段的特点为其量身定制的个性化设备租赁解决方案，并以投行的眼光来筛选科技项目，注重企业的未来发展价值，为项目企业构建专属后续服务体系来化解科技项目风险并促进企业更好发展的融资租赁服务。换言之，就是融资租赁在中国科技创新迅速发展的背景下，针对新兴科技领域产生的专门为科技型企业区别于传统企业的特性进行融资租赁服务的一个分支，对于解决科技型中小企业融资瓶颈，促使科技型中小企业转变发展方式，进一步提升自主创新能力，培育壮大战略性新兴产业，带动民营经济和民间投资发展，具有重要的战略意义。20 世纪 60 年代，美国开始兴起科技租赁并迅速发展，后来在欧洲和日本逐步完善，它伴随着我国改革开放后跨国企业对华投资进入我国市场。这些跨国公司将它们在全球经营成功的经验和方法带到我国，在当地采用租赁的方式租用办公室设备以及科研与生产所需的仪器设备，之后特别是从 1996 年后，越来越多的外国公司将其研发与生产中心搬到中国，开始寻求以科技租赁方式来装备日常研究与生产所需要的测试仪器设备。许多国际上大的科研机构以及制造企业，都是采用科技租赁方式来使用仪器设备，而将这些设备的维护保养和升级换代，全部外包给科技租赁公司，由科技租赁公司提供设备的管理和服务。

二、科技金融租赁融资服务模式

科技租赁业务是在现有的融资租赁一般业务模式的基础上，根据科技型中小企业的不同特点创新出多种业务模式。

1. 创投租赁

创投租赁，是债权融资与股权融资的有机组合，是租赁公司以租金和认股权作为投资回报，为处在初创期和成长期的企业提供租赁服务的一种创新形式。主要适用于处于初创期及成长期，拥有核心技术和知识产权，具备良好的商业模式和广阔的市场前景的企业。初创期和成长期是科技型中小企业技术创新和产品试销阶段。由于需要消耗大量资金以租入或购置土地、厂房、设备等固定资产和原材料等耗材，此阶段企业对资金的需求量迅速增加。但是自身资金少、底子薄且管理粗放，加之针对科技型中小企业的融资扶持政策较少，现阶段企业又不具备债权融资所需要的信用记录和担保措施，而引入股权投资又会极大稀释创业团队的权益，因而其经常遭受财务危机而难以运营。创投租赁则可通过提供股权+租赁模式为初创期科技型中小企业募集资金。目前科技租赁已经探索出的创投租赁模式有三种：

（1）认股权模式。在和企业方签订融资租赁合同时，附带认股权协议。相对于传统企业，投资科技型中小企业往往风险更大，相应的收益也要增加。对于单纯的融资租赁模式而言，在融资成本相对风险收益偏低情况下，利用添加认股权的条件，补齐了风险带来的收益，同时降低了对方的融资成本，是个双赢的模式。

（2）租赁股权模式。处于创业期的高科技公司前期需要大量的现金流投入，如果单纯依靠债权投资，对于中小型科技企业往往难以为继。在这样的背景下，如果租赁公司要求的债权回报，替换以一定比例的股权回购，将会减小客户的现金流压力，同时也增加了租赁公司的退出通道。

（3）租赁公司和投资机构联合的创投模式。从投资机构角度来讲，和租赁公司联手，设计一个租赁—股权的投资模型，双方约定止损协议，可以将不具备租赁资质条件的投资机构，以和租赁公司合作的模式，在资金端帮助中小型企业渡过创业难关。

创投模式租赁需要科技租赁公司对投资有长远的战略性规划，对未来发展看好的、处于创业期的企业，根据客户需求，结合租赁债权和未来认股权，设计投资模型。但是由于科技型企业风险较难把控，特别是处于创业初期的科技型企业，因此，租赁公司一定要对创新科技行业的上下游产业有所了解、熟悉。与风投、投资、私募基金等机构建立良好关系，互相利用双方资源和技术，锁定一部分的投资风险。

2. 售后回租

针对处于加速成长期，生产经营状况良好，税收和利润等经济效益指标良好，但需要中长期资金用于补充运营资金及进一步的产品研发投入的企业。此类企业拥有大量存量资产（厂房、设备）而流动资金不足。如果采取传统融资方式，企业能够提供的征信条件不足，且面临融资成本较高，实际资金使用期限较短等困境。科技租赁根据企业在发展过程中积累了较多的设备资产和应收账款等，采用售后回租方式，将企业自有的厂房、设备以公允价值出售给租赁公司获取现金流，再从租赁公司租回该厂房、设备。有利于企业盘活存量资产，最高可得到设备净值70%~80%的融资，期限1~3年，有效缓解企业营运资金不足的压力。

3. 厂房新设备租赁

这种租赁业务适用于发展势头良好，市场需求持续增长，亟须扩大生产规模，进一步提高盈利能力的企业。当企业要筹划二期建设时，需要投入大量资金，用于设备购买及厂房建设，但苦于自有资金不足。厂房新设备租赁业务可有效解决企业扩大产能、技术升级、投入生产等问题。科技租赁公司根据企业选择，购买新设备、新厂房等租赁物，将其出租给企业，租赁期满后租赁物归承租企业所有。企业这样做的优势：一是可以降低企业购置厂房、设备自筹资金比例，缓解企业前期资金投入压力；二是可灵活安排租金支付方式，解决客户现金支出与流入匹配的问题。

4. 风险租赁

许多科技型企业经过多年研发，取得了一项突破性的新产品技术成果，市场前景广阔，亟须进行新产品推广以抢占市场。但是由于市场对该新产品和服务缺乏认知度，目标客户无法下定决心购买该企业产品和服务。科技租赁采用风险租赁业务模式，与厂商建立战略合作伙伴关系，在其新产品推广过程中，联合其他相关各方通过风险共担、利益共享机制，为使用其产品的用户提供租赁服务，可有效解决新产品和服务推广的问题。一方面，通过"体验式营销"让目标客户先行试用产品及为用户提供增值服务进行新产品推广，提高新产品的知名度和认知度，快速占领市场；另一方面，加速货款回笼，改善厂商现金流状况。

5. 集群租赁

集群租赁是将各大科技园区处于产业集群内的各企业通过融资租赁的方式联合在一起，由租赁公司搭建产业集群合作平台，为各产业链上的企业提供中长期发展资金，促进上游企业产品销售，拓宽中游企业技术服务领域，满足下游企业技术服务需求的融资租赁方式。通过打造若干具有技术主导权的产业集群，集聚大量产业联系密切的企业及相关支撑机构，有利于加强集群内企业间的有效合作，增强企业的创新能力，提高产业的整体竞争能力，形成强劲、持续竞争优势。还能通过与集群内企业合作，帮助各企业增加销售额，改善现金流，降低运营成本，控制企业发展风险，提高各企业在行业中的市场地位，为企业发展提供强劲的动力。

6. 经营租赁

经营租赁是科技租赁公司根据企业的需求购入设备，出租给企业使用，租赁期满后租赁公司负责租赁物残值处理的一种租赁业务。面向需要一批研发设备但自身无力购买或考虑到设备折旧等因素无意取得设备所有权、希望能够租用该类设备的企业，以及有上市计划、希望通过表外融资获得设备使用权以避免资产负债率等指标恶化的企业。采用经营租赁的模式，可以降低固定资产投资对企业经营资金的占用，同时优化企业财务表结构，有利于企业充分利用上市、发债、贷款、赊购等其他融资工具。

7. 项目租赁

科技型企业的设备具有专用性、可转换性较差的特点，所以采用项目融资租赁将租赁对象由传统的融资租赁中的设备等固定资产延伸到了以一个完整独立的设施建设项目为目标而进行融资，且该项目能独立发挥效益并且在财务上一般能够独立核算，租金偿还则由项目未来的收益和项目本身的资产价值来保证，是专为项目设计的融资租赁模式。在该模式下有限追索和无追索的风险优势，使企业可以避免大量的项目风险，且对于科技租赁公司而言吸引力是项目本身可能产生的现金流量。一般可以广泛应用于以永久工程设备投资为主体的经营性基础设施建设融资中，例如，城市污水、垃圾处理厂，危险废物处理处置厂（焚烧厂、填埋场）及环境污染治理设施的融资租赁等。

三、科技金融租赁特征分析

科技型企业具有高成长性、高附加值、高风险和轻资产这四个特点，大多数是中小型企业，致力于用创新的技术和创新的商业模式服务于客户，而且处于战略性新兴产业，产品升级换代快，行业发展瞬息万变。这就使这类企业的管理相对粗放，核心团队更关注融资、销售。同时，轻资产运营使融资存在很大难度，对它们的融资租赁业务必须结合企业所处的发展周期和行业前景来进行。科技租赁是针对科技型企业量身打造的融资租赁服务，根据科技型企业的上述特点而灵活地呈现自己独特的融资租赁特点。

1. 创投为主，少量入股

科技租赁主要针对的是处于初创期的中小企业，这些企业有好的项目和顶尖的技术，但是在固定资产投资、研发以及生产经营中需要大量的资金投入，且未来收益并不明确，而银行信贷等传统的融资模式过于保守，不愿意支持这类生产经营不确定性较强、经营风险较大的企业。至于上市融资，由于中小企业板公开发行和上市的底线是由公司法和证券法规定的与主板市场同样的标准，目前拟上市和可上市的科技型企业数量远远超出了中小企业板上市企业数，增加量也大大超过了中小企业板的扩容速度，在资本市场上进行融资也不太可能，所以企业缺乏足够的资金支持。

科技租赁以融资租赁+创投的模式介入，通过融资租赁方式为企业提供资金和设备使用权，并取得一定数量的股权或认股权，待企业上市时进行股权转让或长期持有。这样既使企业避免在股价低时接受风投资金导致稀释了创业团队的股权，又可以使融资租赁公司超额收益来源于资本市场，实现与客户的"非零和游戏"。

2. 业内联动，利益共享

科技租赁公司多依托于科技创新园区和新兴产业集中的区域，有较好的产业基础，同时结合自己对专注行业的了解，容易寻找到好的项目。但是对于很多所需金额巨大的项目，租赁风险集中，单一承租人租赁规模占租赁公司资金比例超标，而向银行融资又很困难，如果采用业内联动的方式，与多家融资租赁公司、风险投资公司、担保公司以及银行联合进入，则能把大项目化为很多小项目，既使企业获得更充足的资金流，也能叠加信用，分摊风险，大家又可共享利益，互利共赢。

3. 金融非金融服务相融合

科技租赁模式成功的关键不仅立足于能持久地为产业客户提供资金服务，还要为客户提供适合产业需要的综合服务，因而在对中小企业进行服务的过程中，探索出了金融非金融服务相结合的道路，通过提供专业的租后服务和增值服务来优化客户体验，提高客户黏性，培养一批忠诚度高、品牌价值优、经济效益好的优良客户，打造公司的核心竞争力，提升公司的行业地位。租后服务包括设备的使用指导和咨询、行业研讨会、业内企业沙龙等帮助企业更好地将技术转化为商业成果。增值服务包括融资筹划、政策代办、企业管理咨询等，帮助企业更好地成长和发展。同时，后续的非金融服务也是一种灵活的风控手段。科技型中小企业产品创新和风险管理挑战大，需对行业、企业和技术的发展前景等予以更多的了解。后续服务可以在租后管理阶段进行持续的跟踪和监督，能够最大限度地降低投资风险，有利于把企业中的一些风险处于可控范围之内，保证投资效率和资金安全。对于初创期的科技型中小企业，科技租赁公司可为其提供加速器金融服务，主要包括为企业提供中长期贷款，利用自有的科技专家团队指导企业创业及为企业介绍投资者等。对于处于扩张期的科技型中小企业，科技租赁公司为其提供增长金融服务，主要包括流动资金贷款和资金管理及协助企业推进国际化。对于进行全球化的科技型企业，可以为其提供公司理财服务，主要包括全球现金管理、全球财务管理及指导企业开展并购等。

4. 与国外供应商合作，降低设备采购成本

科技型企业的核心设备相对于其他常规租赁物如机械设备、医疗器械等有很大的特殊性，很多需要从国外引进，而企业自己对这些设备的养护、使用等并不熟悉，英文手册也没有国内版本，采购量也少，种种原因使企业在供国外引进设备时议价能力较弱，发生买到不适合的设备的风险也较大。科技租赁公司有细分行业的专业人才，对某一领域的先进技术和设备行情很熟悉，当企业选择融资租赁模式时，由这些专业人才根据企业的需求去挑选购买设备，进行价格谈判，可以大大降低设备采购成本。同时由于科技租赁公司掌握了这一类企业对相似设备的需求，增加了采购量，节约了时间成本，可与外国设备提供方形成合作关系，既为它们在中国市场打开了销路，也降低了我国企业采购设备的成本。

第八章
大湾区科技金融发展创新

第一节　金融与科技融合发展新业态

粤港澳大湾区作为中国开放程度最高、经济活力最强的区域之一，承载着对整个中国经济未来图景的想象和期望。大湾区的金融逻辑在于以创新的金融业态支撑创新产品，以完善的金融业态匹配不同的金融服务对象，特别是发挥大湾区的科技研发能力，推动金融与科技相融合发展的产业新业态，创新投资、信贷、担保等互相融合的融资服务新模式。

粤港澳大湾区是中国经济增长的新动能和新的增长极，是接轨"一带一路"的战略支点，是引领南粤的创新高地，大湾区"优质生活圈"也将是人力与人才集聚的热土。与世界其他湾区相比，粤港澳大湾区具有丰富的创新因子、成熟的资本市场、完备的产业体系，必将成为金融科技及产业创新的高地。作为全国科技、资本与人才集聚密度最高的区域之一，粤港澳三地金融、科技和产业的互补是区别于全球其他湾区的独特优势。利用好金融、科技这一"引擎"，促进粤港澳在相关领域和产业的协同创新发展，对于将粤港澳大湾区打造成为超越纽约湾区、旧金山湾区、东京湾区等世界级湾区来说至关重要①。

---

① 顾文静，刘楼. 金融、科技、产业融合推动粤港澳大湾区经济发展——"2018 湾区经济发展国际论坛"会议综述［J］. 广东商学院学报，2018（5）：109-112.

金融、科技与产业融合发展是大湾区建设的主要目标，只有通过三者的融合发展才能更好地促进粤港澳大湾区的经济发展，从而为建设大湾区打下良好的基础。实现大湾区的金融、科技与产业融合发展必须做到以下四点：第一，充分利用大湾区的现实基础，发挥其优势，避开其劣势，使粤港澳大湾区真正成为世界性的一流湾区；第二，要利用超地方化和超全球化形成金融、科技和产业融合发展的新格局；第三，要不断进行金融创新，夯实金融实力，形成融合发展动力；第四，要在大湾区打造创新高地，采取各种办法吸纳以智慧与人才为核心的创新要素，夯实创新载体，发展创新产业。

第二节　金融与科技融合发展新产业

目前科技是推动人类发展的重要力量，不仅飞速重塑了全球经济，促进了新产业和新业态的出现，而且也给支付清算行业带来了重要的机遇。

科技金融促进军民融合产业发展。

支付清算是金融基础设施中的重要组成部分，是提升民生服务、推动消费增长的重要渠道。因为新时代背景下社会主要矛盾的凸显，给我国的支付清算行业提出了新的要求。随着科学技术的不断发展，金融科技给支付清算产业融合发展注入了活力与动力，是推动我国支付服务业务创新和模式创新的重要措施，由此也衍生了更多新型的支付方式与手段。同时，加大对科技的创新还能有效拓宽支付清算行业的市场，提高其场景的丰富性，在未来发展过程中，对支付便捷拓展、普惠范畴的拓宽也具有一定的引领作用，从而为后续的实体经济和普惠金融提供更为完善的服务与力量①。

---

① 杨天松. 论金融科技在支付清算产业融合发展中的应用 [J]. 中外企业家，2019（24）：39-40.

第三节　科技金融与大湾区
经济发展相辅相成

在全球发达国家和地区，金融和科技的发展和融合都是重中之重。粤港澳大湾区作为中国科技、资本与人才集聚密度最大的区域之一，要实现媲美纽约湾区、旧金山湾区和日本东京湾区的宏大目标，紧抓科技金融领域协同创新发展将成为重要的战略选择。科技金融是粤港澳大湾区发展的引擎，是大湾区发展的基础设施，通过打通资金流、技术流、人才流，打造一个有粤港澳特色的世界级大湾区。

科技金融是促进科技开发、成果转化和高新技术产业发展的一系列金融工具、金融制度、金融政策与金融服务的创新性和系统性安排。在建设粤港澳大湾区历史进程中，科技金融将被赋予全新的使命，在推动金融供给侧结构性改革、支持创新驱动发展方面发挥更大的作用，成为推动粤港澳大湾区高质量发展的关键动力。

科技金融的主要作用体现在畅通粤港澳大湾区金融与实体经济之间的循环，有效优化大湾区金融资源配置，推动大湾区信用体系建设，助力大湾区金融服务更好地向普惠延伸，降低企业成本等。科技金融赋能实体经济推动大湾区高质量发展，应从加大对重大创新平台、重要科研机构和成果转化基地建设的金融支持；建立推动创新要素自由流动的科技金融服务体系；建立统一开放的粤港澳融资体系，大力发展并购融智金融；打造全链条人才金融服务，大力发展科创人才金融；打造生态文化支撑，创新搭建科技金融服务平台等方面出发，开创大湾区创新发展新局面[1]。同时，大湾区的高速腾飞，也将强力支撑科技金融的进一步融合发展，两者之间相辅相成，共同促进。

---

[1]　刘军. 科技金融是粤港澳大湾区发展的关键引擎 [N/OL]. 学习时报，2019-06-03.

第九章
大湾区科技金融发展展望

第一节 科技金融行业市场前景预测

一、科技行业发展趋势与前景

当前，全球新一轮科技革命和产业变革方兴未艾，科技创新正加速推进，并深度融合、广泛渗透到人类社会的各个方面，成为重塑世界格局、创造人类未来的主导力量。只有认清趋势、前瞻擘划，才能顺势而为、抢抓机遇。从宏观视角和战略层面来看，当今世界科技发展正呈现以下十大新趋势：

1. 颠覆性技术层出不穷，将催生产业重大变革，成为社会生产力新飞跃的突破口

作为全球研发投入最集中的领域，信息网络、生物科技、清洁能源、新材料与先进制造等正孕育一批具有重大产业变革前景的颠覆性技术。量子计算机与量子通信、干细胞与再生医学、合成生物和"人造叶绿体"、纳米科技和量子点技术、石墨烯材料等，已展现诱人的应用前景。先进制造正向结构功能一体化、材料器件一体化方向发展，极端制造技术向极大（如航母、极大规模集成电路等）和极小（如微纳芯片等）方向迅速推进。人机共融的智能制造模式、智能材料与3D打印结合形成的4D打印技术，

将推动工业品由大批量集中式生产向定制化分布式生产转变，引领"数码世界物质化"和"物质世界智能化"。

2. 科技更加以人为本，绿色、健康、智能成为引领科技创新的重点方向

未来科技将更加重视生态环境保护与修复，致力于研发低能耗、高效能的绿色技术与产品。以分子模块设计育种、加速光合作用、智能技术等研发应用为重点，绿色农业将创造农业生物新品种，提高农产品产量和品质，保障粮食和食品安全。基因测序、干细胞与再生医学、分子靶向治疗、远程医疗等技术大规模应用，医学模式将进入个性化精准诊治和低成本普惠医疗的新阶段。智能化成为继机械化、电气化、自动化之后的新"工业革命"，工业生产向更绿色、更轻便、更高效的方向发展。服务机器人、自动驾驶汽车、快递无人机、智能穿戴设备等的普及，将持续提升人类生活质量，提升人的解放程度。

3. "互联网+"蓬勃发展，将全方位改变人类生产生活

新一代信息技术发展和无线传输、无线充电等技术实用化，为实现从人与人、人与物、物与物、人与服务互联向"互联网+"发展提供丰富高效的工具与平台。随着大数据普及，人类活动将全面数据化，云计算为数据的大规模生产、分享和应用提供了基础。工业互联网、能源互联网、车联网、物联网、太空互联网等新网络形态不断涌现，智慧地球、智慧城市、智慧物流、智能生活等应用技术不断拓展，将形成无时不在、无处不在的信息网络环境，对人们的交流、教育、交通、通信、医疗、物流、金融等各种工作和生活需求作出全方位及时智能响应，推动人类生产方式、商业模式、生活方式、学习和思维方式等发生深刻变革。互联网的力量将借此全面重塑这个世界和社会，使人类文明继农业革命、工业革命之后迈向新的"智业革命"时代。

4. 国际科技竞争日趋激烈，科技制高点向深空、深海、深地、深蓝拓进

空间进入、利用和控制技术是空间科技竞争的焦点，天基与地基相结合的观测系统、大尺度星座观测体系等立体和全局性观测网络将有效提升对地观测、全球定位与导航、深空探测、综合信息利用能力。海洋新技术

突破正催生新型蓝色经济的兴起与发展，多功能水下缆控机器人、高精度水下自航器、深海海底观测系统、深海空间站等海洋新技术的研发应用，将为深海海洋监测、资源综合开发利用、海洋安全保障提供核心支撑。地质勘探技术和装备研制技术不断升级，将使地球更加透明，人类对地球深部结构和资源的认识日益深化，为开辟新的资源能源提供条件。量子计算机、非硅信息功能材料、第五代移动通信技术（5G）等下一代信息技术向更高速度、更大容量、更低功耗发展。第五代移动通信技术有望成为未来数字经济乃至数字社会的"大脑"和"神经系统"，帮助人类实现"信息随心至、万物触手及"的用户体验，并带来一系列产业创新和巨大经济及战略利益。

5. 前沿基础研究向宏观拓展、微观深入和极端条件方向交叉融合发展，一些基本科学问题正在孕育重大突破

随着观测技术手段的不断进步，人类对宇宙起源和演化、暗物质与暗能量、微观物质结构、极端条件下的奇异物理现象、复杂系统等的认知将越来越深入，把人类对客观物质世界的认识提升到前所未有的新高度。合成生物学进入快速发展阶段，从系统整体的角度和量子的微观层面认识生命活动的规律，为探索生命起源和进化开辟了崭新途径，将掀起新一轮生物技术的浪潮。人类脑科学研究将取得突破，有望描绘出人脑活动图谱和工作机理，有可能揭开意识起源之谜，极大地带动人工智能、复杂网络理论与技术发展。

6. 国防科技创新加速推进，军民融合向全要素、多领域、高效益深度发展

受世界竞争格局调整、军事变革深化和未来战争新形态等影响，主要国家将重点围绕极地、空间、网络等领域加快发展"一体化"国防科技，信息化战争、数字化战场、智能化装备、新概念武器将成为国防科技创新的主要方向。大数据技术将使未来战争的决策指挥能力实现根本性飞跃，推动现代作战由力量联合向数据融合方向发展，自主式作战平台将成为未来作战行动的主体。军民科技深度融合、协同创新，在人才、平台、技术等方面的界限日益模糊。随着脑科学与认知技术、仿生技术、量子通信、超级计算机、材料基因组、纳米技术、智能机器人、先进制造与电子元器

件、先进核能与动力技术、导航定位和空间遥感等的重大突破，将研发更多高效能、低成本、智能化、微小型、抗毁性武器装备，前所未有地提升国防科技水平，并带动众多科技领域实现重大创新突破。

7. 国际科技合作重点围绕全球共同挑战，向更高层次和更大范围发展

全球气候变化、能源资源短缺、粮食和食品安全、网络信息安全、大气海洋等生态环境污染、重大自然灾害、传染性疾病疫情和贫困等一系列重要问题，事关人类共同安危，携手合作应对挑战成为世界各国的共同选择。太阳能、风能、地热能等可再生能源开发、存贮和传输技术的进步，将提升新能源利用效率和经济社会效益，深刻改变现有能源结构，大幅提高能源自给率。据国际能源署（IEA）预测，到2035年可再生能源将占全球能源的31%，成为世界主要能源。极富发展潜能的新一代能源技术将取得重大突破，氢能源和核聚变能可望成为解决人类基本能源需求的主要方向。

8. 科技创新活动日益社会化、大众化、网络化，新型研发组织和创新模式将显著改变创新生态

网络信息技术、大型科研设施开放共享、智能制造技术提供了强大的研发工具和前所未有的创新平台，使创新门槛迅速降低，协同创新不断深化，创新生活实验室、制造实验室、众筹、众包、众智等多样化新型创新平台和模式不断涌现，科研和创新活动向个性化、开放化、网络化、集群化方向发展，催生越来越多的新型科研机构和组织。以"创客运动"为代表的小微型创新正在全球范围掀起新一轮创新创业热潮，以互联网技术为依托的"软件创业"方兴未艾，由新技术驱动以极客和创客为重要参与群体的"新硬件时代"正在开启。

9. 科技创新资源全球流动形成浪潮，优秀科技人才成为竞相争夺的焦点

一方面，经济全球化对创新资源配置日益产生重大影响，人才、资本、技术、产品、信息等创新要素全球流动，速度、范围和规模都将达到空前水平，技术转移和产业重组不断加快。另一方面，科技发达国家强化知识产权战略，主导全球标准制定，构筑技术和创新壁垒，力图在全球创新网络中保持主导地位，新技术应用不均衡状态进一步加剧，发达国家与

发展中国家的"技术鸿沟"不断扩大。发达国家利用优势地位，通过放宽技术移民政策、开放国民教育、设立合作研究项目、提供丰厚薪酬待遇等方式，持续增强对全球优秀科技人才的吸引力。

10. 全球科技创新格局出现重大调整，将由以欧美为中心向北美、东亚、欧盟"三足鼎立"的方向加速发展

随着经济全球化进程加快和新兴经济体崛起，特别是国际金融危机以来，全球科技创新力量对比悄然发生变化，开始从发达国家向发展中国家扩散。虽然以美国为代表的发达国家在科技创新上仍处于无可争议的领先地位，但优势正逐渐缩小，中国、印度、巴西、俄罗斯等新兴经济体已成为科技创新的活化地带，在全球科技创新"蛋糕"中所占份额持续增长，对世界科技创新的贡献率也快速上升。全球创新中心由欧美向亚太、由大西洋向太平洋扩散的趋势总体持续发展，在未来 20 ~ 30 年，北美、东亚、欧盟三个世界科技中心将鼎足而立，主导全球创新格局。

二、金融行业发展趋势与前景

从未来五年来看，金融市场的驱动力十足，制造业升级和相关的改革将持续获得产业发展和政策的支持，金融去杠杆与金融监管作用下，货币流动性基本维持中性偏紧基本格局，随着去产能、脱虚入实相关措施的见效，风险有望得到有效改善，消费升级、产业升级、互联网的加速发展区域协同发展等结构性力量在活跃发力，金融内生结构也在发生积极变化。在经济底部探明后，迎来估值修复；此外，我们比较看好大制造（高端装备、5G、人工智能、高铁、核电、卫星导航、智能制造），看好在未来三年中能发挥新经济支撑作用，在国际竞争格局中占据领先地位或具有实现弯道超车可能的相关领域，同时带动金融市场的快速稳步发展。

三、科技金融服务市场前景预测

科技金融是科技和经济融合发展的一个重要的成果，同时又推进科技和经济的发展，科技金融是社会发展的一个必然要求，科技是发展动力的

转换和实现创业驱动发展的一个核心和关键，引领了先进生产力发展的方向，也代表了信息产业的未来，能够为金融资本带来更多的投资标的和利润源泉。

趋势一：金融作为现代经济的血液，也是驱动创新发展的一个必备要素。以知识密集为特征的现代经济和传统经济的模式将发生很大的变化，知识产权、人力资本应该说会成为新的价值要点，这时对金融来说，金融服务模式和金融产品创新越来越复杂，对金融提出了越来越高的要求。在现在世界经济进入一个低速增长的情况下，科技和金融的深度融合，大量的技术创新性成果和创新性企业，将引领产业变革和经济增长。

趋势二：科技金融也是落实创新资源市场配置化的一个重要手段，那么在新一轮的技术革命和产业变革的背景下，科技创新与金融资本和商业模式的融合会更加紧密，正在推动全球的产业变革加速发展，科技金融能够很好地协调市场和政府的两大力量，优化科技创新资源的配置，同时也能够构建非常高效的科技供给体系。那么科技金融也为处于不同生命周期、不同规模、不同产业、不同行业的企业，提供相匹配的融资模式选择，包括产业链整合、市场的开拓，还有公司治理的规范、管理经营提升等方面，科技金融就是通过风险和收益的匹配，来分散投资者和企业家的创新风险，也通过市场化的方式，去优化创新资源配置，同时促进科技创新的财富化。

趋势三：货币政策和金融运行机制改革，也呼唤金融发挥更大的作用，在全球金融发展中也面临着新的挑战，过去长期依赖投资的增长模式，导致货币的信贷总量已经非常庞大，杠杆率也非常高，进一步扩张的空间非常有限。这时就非常需要对金融创新和金融市场加快发展，过去对数量型的调控，也面临着更大的挑战，而健全和完善价格型的调控机制的任务也十分繁重。那么这时科技金融将会发挥更大的作用，将在定向调控措施、信号显示到结构引导过程中，发挥更大的作用。

趋势四：是科技金融也是普惠金融和绿色金融的一个积极的实践，在全球化不断发展的情况下，为了消除两极分化，需要以科技金融的方式来实现普惠金融的发展，更好地体现包容性金融。同时，科技金融也改变了过去的传统风险管理模式，对创新创业企业提供了更有利的金融服务支持。

第二节　科技金融行业发展前景与建议

一、科技金融行业发展趋势

科技金融是现代经济和社会发展的必然趋势，本质上是实现科技资源与金融资源的有效结合和同步增值，因此，科技与金融的相互关系显得尤为重要。科技与金融的结合，是适应经济发展的必然选择，实现科技与金融的双赢，就能实现最大程度的收益，促进经济社会的进步，需要企业、政府和银行等各方的共同努力，在制度、资金等方面进行扶持。未来科技金融行业将对大湾区发展中的各领域发挥重要推动作用，同时，也将在科技行业催生出科技与金融融合发展新业态，推动高新技术产业的不断突破；在金融行业演化出金融科技，通过赋能基金、债券、证券、风投等创新金融技术手段，结合政策支持，强力推动大湾区科技进步及经济增长。

二、科技金融行业发展前景

建设粤港澳大湾区是创新驱动增长新时代背景下的重大国家战略和探索性实践。从全局战略及有序推进的角度来看，金融领域的先行合作与协同创新是大湾区建设的重要突破口。构建内生高效、共生关联的湾区科技金融创新生态体系，不仅有助于形成湾区科技金融的内生自发协同创新驱动力，奠定大湾区未来创新发展的坚实基础，而且还有助于湾区以科技金融创新引领前沿科技创新及湾区战略性新兴产业的未来创新发展方向，具有重要的前瞻性战略价值及可行性现实意义。

在现代经济中，技术创新更加依赖于良好的金融支持，金融一直在持续推动科技进步，同时，金融业越来越依靠科技进步创新来创造发展空间，两者呈现一种互动的关系，只有实现科技与金融的有机结合，才能更高效地促进大湾区实现高新技术突破、科研能力提升、技术成果转化、湾区经济水平全面提高等目标。由此可见，科技金融行业发展前景广阔。

三、科技金融行业发展建议

重点建设穗港科技信贷创新合作平台，筹建湾区专业科技银行，全力推进粤港澳大湾区普惠式科技信贷创新的发展。打造深港风投创投与科技创新合作中心，推动风投创投基金及私募股权投资基金的跨境互投互通，全面提升湾区风投创投网络的凝聚力及全球影响力。以广深科技创新走廊建设及常态化跨区域合作交流机制建立穗港科技信贷创新合作平台与深港风投创投及科技创新合作中心的关联机制，完善大湾区科技金融创新生态体系中的核心三角结构。打造互联互通的大湾区多层次科技直接融资市场，重点建设统一的湾区私募股权场外交易市场及大湾区科创四板市场。建设穗港绿色金融合作平台，顺应国际湾区的前沿趋势，大力促进绿色金融、生态资本以及前沿金融科技与保险科技的创新发展，发挥其对湾区战略性新兴产业的引领及带动作用。制定和出台大湾区科技金融创新合作的行动计划及政策支持，建立常态化的湾区科技金融国际合作机制，全面提升湾区科技金融创新的制度保障及国际影响力。

粤港澳大湾区在区位优势、综合经济实力、创新要素集聚度、区域合作基础及国际化程度等方面均具备坚实的发展基础，并且具有显著的全局战略规划与顶层设计优势，湾区科技金融创新合作的先行突破能够为大湾区后续的全面战略合作提供坚实的前期基础、必要的融合时间及更大的发展空间，引领大湾区其他领域的深度融合与协同合作。在平衡兼顾湾区科技金融的全面创新发展及金融创新风险的有效监管基础上，构建内生高效、共生关联的湾区科技金融生态体系将会极大地促进大湾区国际科技创新中心的建设与发展，打造引领泛珠、辐射东南亚、服务于"一带一路"的金融枢纽及全球领先的湾区金融生态圈，加速建成国际一流湾区和世界级城市群，实现粤港澳大湾区的发展战略目标。

参考文献

[1] 赵昌文, 陈春发, 唐英凯. 科技金融 [M]. 北京: 科学出版社, 2009.

[2] 戴淑庚. 高科技产业的金融资源配置与我国高科技产业融资体系的构建 [J]. 理论学刊, 2004 (1): 44-46.

[3] 吴悠. 科技金融的体系构成和动作机制研究 [J]. 当代经济, 2015 (22): 32-33.

[4] 长城企业战略研究所. 科技金融创新的理论与实践 [J]. 新材料产业, 2015 (11): 68-71.

[5] 徐岩, 李昊峰, 郭楠. 基于产业视角的科技金融体系构建 [J]. 沈阳工业大学学报 (社会科学版), 2014 (8): 299-302.

[6] 王媛, 王营. 科技金融服务体系建设的国际经验借鉴 [N/OL]. 金融时报-中国金融新闻网, 2018-11-05.

[7] 李善民, 陈勋, 许金花. 科技金融结合的国际模式及其对中国启示 [J]. 中国市场, 2015 (5): 40-47.

[8] 王学龙. 粤港澳大湾区科技金融发展现状、问题与建议 [C]. 2018世界经济特区发展 (深圳) 论坛——改革开放再出发论文集 (中英文双语), 2018.

[9] 任志宏. 粤港澳大湾区定位于"数字湾区"发展的意义价值 [J]. 新经济, 2019 (10): 8-14.

[10] 杨熳. 基于区块链技术的会计模式浅探 [J]. 新会计, 2017 (9): 57-58.

[11] 趣币. 粤港澳大湾区区块链领域研究报告 [R/OL]. 链塔智库,

2019-02-27.

[12] 中国国际贸易促进委员会驻香港代表处. 香港优势产业 [EB/OL]. 中国国际贸易促进委员会驻香港代表处官网, 2019-09-04.

[13] 顾文静, 刘楼. 金融、科技、产业融合推动粤港澳大湾区经济发展——"2018湾区经济发展国际论坛"会议综述 [J]. 广东商学院学报, 2018 (5): 109-112.

[14] 杨天松. 论金融科技在支付清算产业融合发展中的应用 [J]. 中外企业家, 2019 (24): 39-40.

[15] 张莹, 董晓辉, 阚文刚. 科技金融促进军民融合产业发展研究 [J]. 财务与金融, 2019 (2): 91-95.

[16] 刘军. 科技金融是粤港澳大湾区发展的关键引擎 [N/OL]. 学习时报, 2019-06-03.